Impressum
Verlag: BABADADA GmbH, Nedderfeld 112 , 22529 Hamburg
Geschäftsführer / Verlagsleitung: Harald Hof
Druck: Books on Demand GmbH, In de Tarpen 42, 22848 Norderstedt

Imprint
Publisher: BABADADA GmbH, Nedderfeld 112 , 22529 Hamburg, Germany
Managing Director / Publishing direction: Harald Hof
Print: Books on Demand GmbH, In de Tarpen 42, 22848 Norderstedt

# duɗal

# école

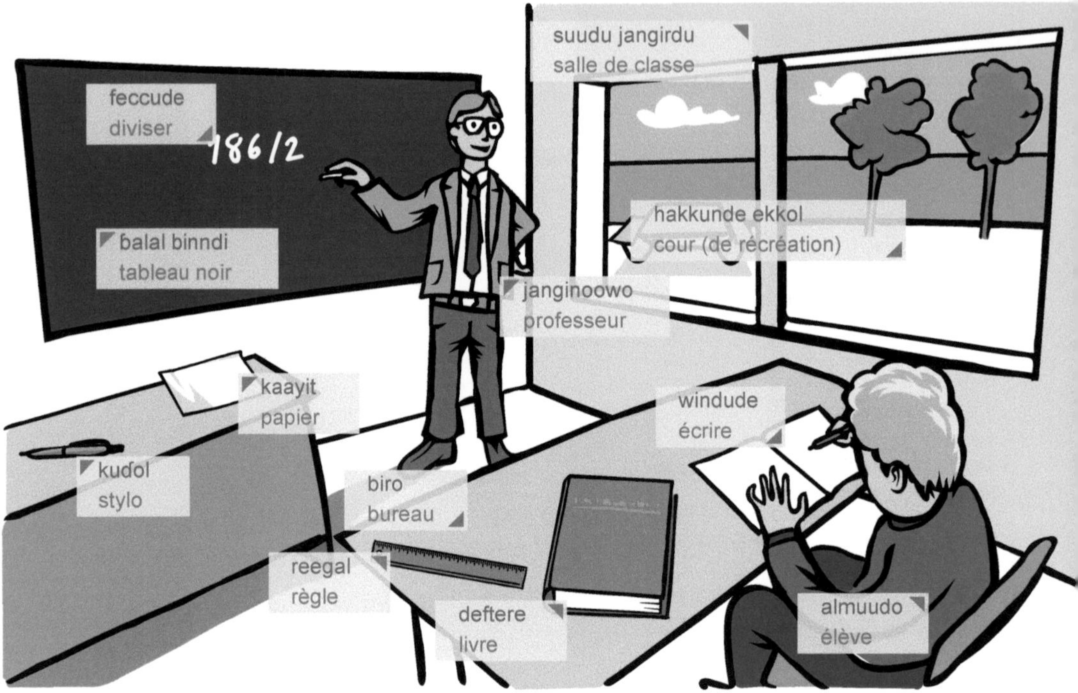
suudu jangirdu
salle de classe
feccude
diviser
186/2
ɓalal binndi
tableau noir
hakkunde ekkol
cour (de récréation)
janginoowo
professeur
kaayit
papier
windude
écrire
kuɗol
stylo
biro
bureau
reegal
règle
deftere
livre
almuudo
élève

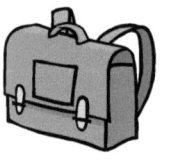

kartaabal

cartable

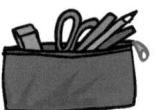

moftirdo kereyonji

trousse

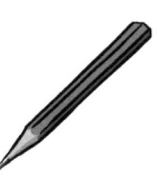

kereyo

crayon

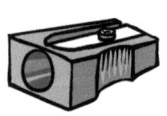

ceeɓnirgel kereyon

taille-crayon

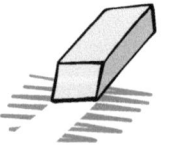

momtirgel

gomme

alluwal ciifirgal

carnet à dessin

ciifgol

dessin

limsere pentirteeɗo

pinceau

suwo pentirɗo

boîte de peinture

sisooji

ciseaux

ɗakkorgal

colle

deftere ekkorgal

cahier d'exercices

golle janŋde

devoirs

niimara

chiffre

ɓeydude

additionner

ustude

soustraire

ɓeydude keeweendi

multiplier

qimaade

calculer

ɓataake

lettre

karfeeje

alphabet

kongol

mot

bindol

texte

jangude

lire

bindirgal

craie

darsu

leçon

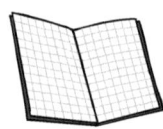

winditaade

livre de classe

egsame

examen

sartifika

certificat

comcol duɗal

uniforme scolaire

janŋde

formation

ansikolopedi

lexique

duɗal jaaɓi haɗtirde

université

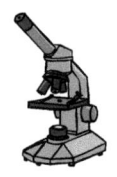

mikoroskop

microscope

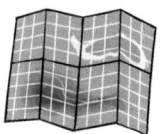

kartal

carte

suwo kurjut

corbeille à papier

# ɗannagol
## voyage

otel
hôtel
Grand
obers
auberge
ROOMS
CHANGE
nokku beccugol e neldugol
bureau de change
waxannde
valise
oto
voiture

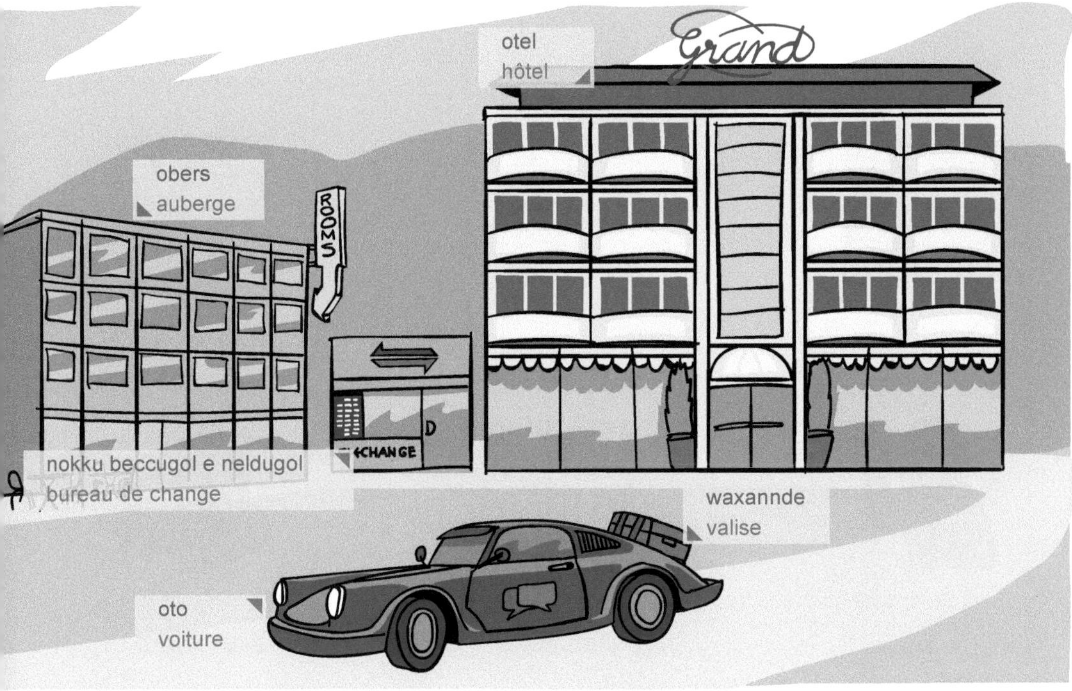

ɗemngal

langue

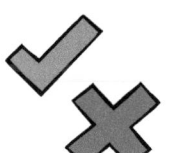

Eey / ala

oui / non

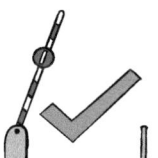

Moyƴi

d'accord

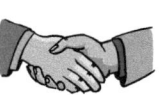

mbaɗɗa

Salut

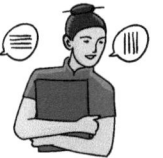

pirtoowo

interprète

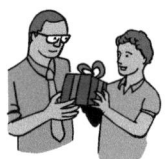

A jaraama

merci

**no foti...?**

Combien coûte...?

**Mi faamaani**

Je ne comprends pas

**hanmi**

problème

**Jam hiri!**

Bonsoir !

**Jam waali!**

Bonjour !

**Mbaalen e jam!**

Bonne nuit !

**ñande woɗnde**

Au revoir

**laawol**

direction

**bagaas**

bagages

**saawdu**

sac

**saawdu wambateendu**

sac-à-dos

**koɗo**

hôte

**suudu**

pièce

**njegenaaw**

sac de couchage

**caalel ladde**

tente

kabaruuji tuurist

office de tourisme

tufnde

plage

kartal banke

carte de crédit

kacitaari

petit-déjeuner

bottaari

déjeuner

hiraande

dîner

biye

billet

suutde

ascenseur

tampon

timbre

keerol

frontière

duwaan

douane

ambasad

ambassade

wiisa

visa

paaspoor

passeport

# taraspoor
# transport

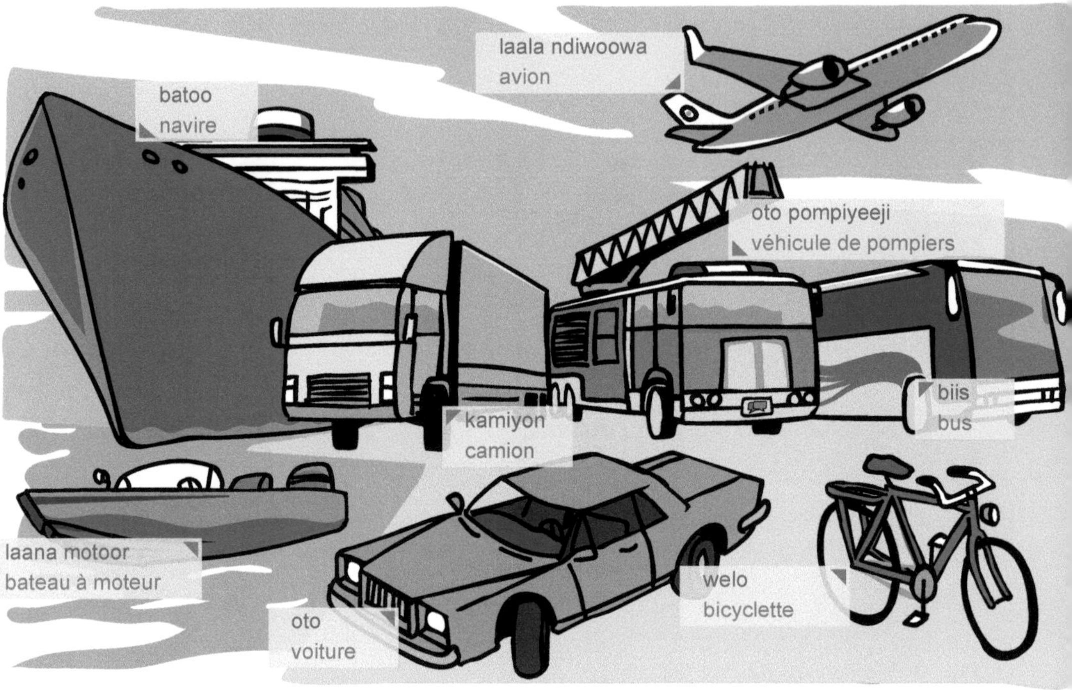
laala ndiwoowa
avion
batoo
navire
oto pompiyeeji
véhicule de pompiers
biis
bus
kamiyon
camion
laana motoor
bateau à moteur
welo
bicyclette
oto
voiture

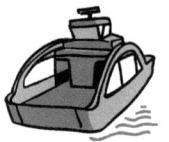

batoo

ferry

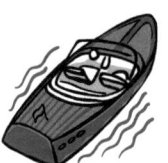

laana

barque

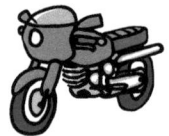

welo

moto

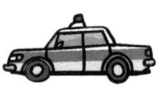

oto polis

voiture de police

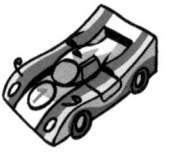

oto dogirteeɗo

voiture de course

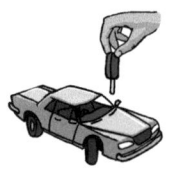

oto luwateeɗo

voiture de location

dendugol oto

auto-partage

oto dandoowo goɗɗo

voiture de remorquage

oto kurjut

benne à ordures

motoor

moteur

karbiran

essence

nokku esaans

station d'essence

tintinooje yaangarta

panneau indicateur

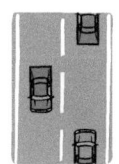

yaa ngarta

trafic

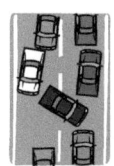

jiiɓo yaa ngarta

embouteillage

dingiral otooji

parking

dingiral laana leydi

gare

laaɓi

rails

laana leydi

train

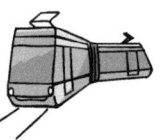

laana ndegoowa

tramway

saret

wagon

elikopteer

hélicoptère

ayrepoor

aéroport

tuur

tour

wonɓe e laana

passager

konteneer

conteneur

karton

carton

duñirgel kaake

chariot

basket

corbeille

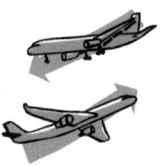

diwde / juuraade

décoller / atterrir

## wuro mowngu

## ville

wuro

village

hakkunde wuru wowngo

centre-ville

galle

maison

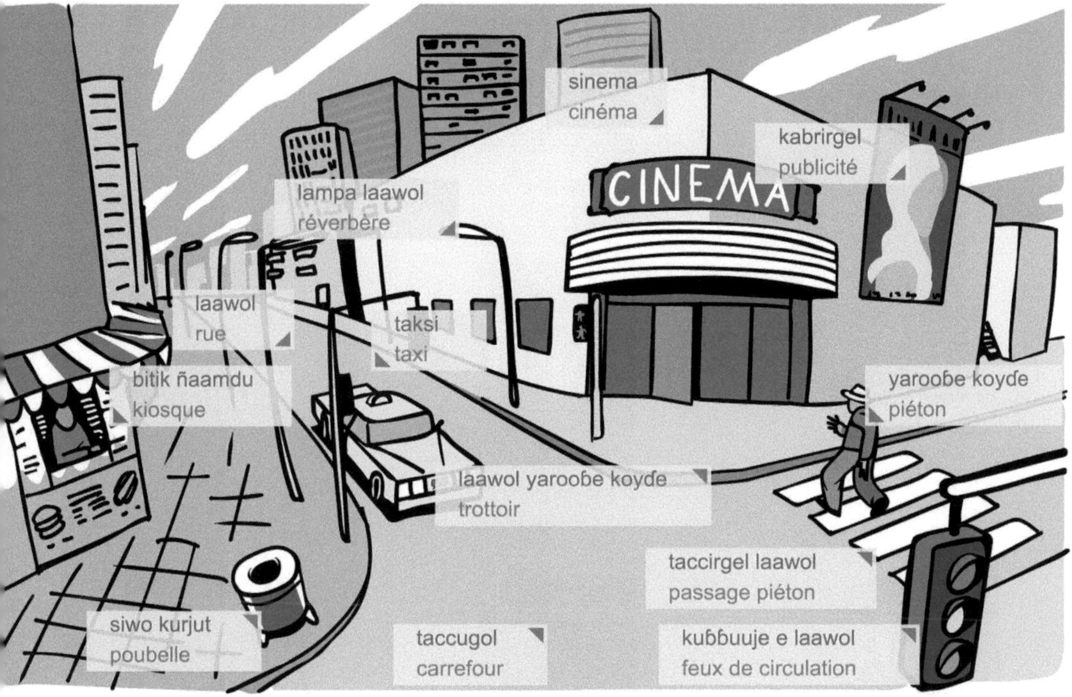

sinema
cinéma

kabrirgel
publicité

lampa laawol
réverbère

CINEMA

laawol
rue

taksi
taxi

bitik ñaamdu
kiosque

yaroobe koyɗe
piéton

laawol yaroobe koyɗe
trottoir

taccirgel laawol
passage piéton

siwo kurjut
poubelle

taccugol
carrefour

kuɓɓuuje e laawol
feux de circulation

tiba
cabane

ko foti
appartement

dingiral laana leydi
gare

meeri
mairie

miise
musée

duɗal
école

dudal jaaɓi haɗtirde
université

banke
banque

suudu safirdu
hôpital

otel
hôtel

farmasi
pharmacie

gollirgal
bureau

suudu defte
librairie

bitik
magasin

jeyoowo fuloraaji
fleuriste

sipermarse
supermarché

jeere
marché

madase mawɗo
grand magasin

jeyoowo liɗɗi
poissonnerie

nokku coodateeɗo
centre commercial

poor
port

park
parc

jooɗorgal
banque

taccirgal
pont

ŋabbirɗe
escaliers

laawol metero
métro

laawul les leydi
tunnel

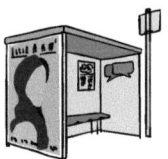

fongo biis
arrêt de bus

baar
bar

restora
restaurant

buwaat postaal
boîte à lettres

lewñowel laawol
panneau indicateur

to otooji ndaroto
parcmètre

nokku kullon
zoo

pisin
piscine

jama
mosquée

ngesa

ferme

gakkingol hendu

pollution

bammule

cimetière

egiliis

église

dingiral

aire de jeux

tampl

temple

## yiyande taariinde

## paysage

baramlefol
feuille

tugayal tintinirgal
panneau indicateur

laawol
chemin

Huɗo sukkuko
pré

haayre
pierre

ŋayloowo
randonneur

lekki
arbre

maayo
rivière

huɗo
herbe

fuloor
fleur

nokku kaañe mawɗe to
ndiyam dogata
........................
vallée

waande
........................
montagne

weedu
........................
lac

ladde
........................
forêt

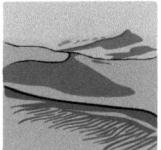

ladde yoornde
........................
désert

wolkan
........................
volcan

satoo
........................
château

timtimol
........................
arc-en-ciel

sampiñon
........................
champignon

leki palm
........................
palmier

ɓowngu
........................
moustique

diwde
........................
mouche

njabala
........................
fourmis

mbuubu ñaak
........................
abeille

njabala
........................
araignée

yiyande taariinde - paysage          15

**hoowoyre keppoore**

coléoptère

**faabru**

grenouille

**doomburu ladde**

écureuil

**sammunde**

hérisson

**fowru**

lièvre

**pubbuɓal**

chouette

**colel**

oiseau

**kakeleewal ladde**

cygne

**mbabba tugal**

sanglier

**lella**

cerf

**Nagge nde gallaɗi cate**

élan

**baraas**

barrage

**masiŋel battowel hendu
jeynge**

éolienne

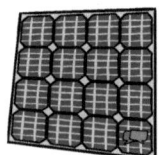

**Lowowel nguleeki**

panneau solaire

**kilima**

climat

# restora

# restaurant

carwoowo
serveur
meni
menu
jooɗorgal
chaise
suppu
soupe
pidsa
pizza
limsere taabal
nappe
geɗe ñaamirteeɗe
couverts

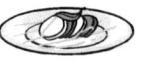

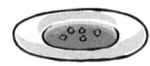

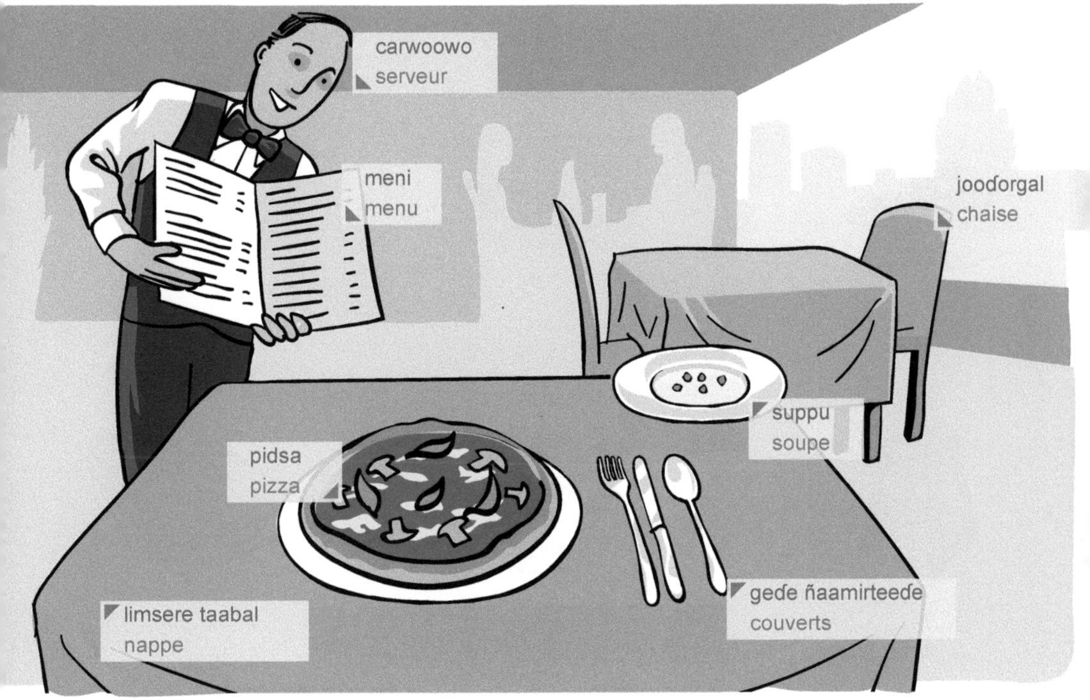

tongitirgel

hors d'œuvre

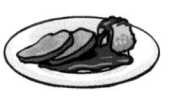

ñaamdu nguraandi

plat principal

tuftorogol

dessert

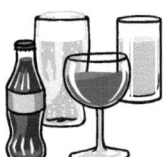

njaram

boissons

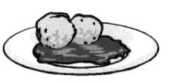

ñaamdu

alimentation

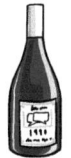

butel

bouteille

fast fud

fast-food

ñaamdu laawol

plats à emporter

baraade

théière

cupayel suukara

sucrier

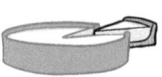

geɗel

portion

Masinŋ kafe

machine à expresso

jooɗorgal toowngal

chaise haute

biye

facture

ñorgo

plateau

paaka

couteau

furset

fourchette

kuddu

cuillère

nokkere kuddu

cuillère à thé

sarbet

serviette

weer

verre

restora - restaurant

palaat

assiette

palaat suppu

assiette à soupe

cupayel

soucoupe

soos

sauce

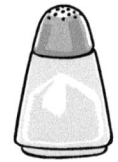

pot lamɗam

salière

moññirgal poobar

moulin à poivre

bineegara

vinaigre

nebam

huile

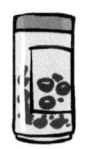

kaaɗnooje

épices

ketsap

ketchup

muttard

moutarde

mayonees

mayonnaise

# sipermarse
# supermarché

ngustugul coggu
offre promotionnelle
kiliyaan
client
kosameeje
produits laitiers
FOR
ɓikkon leɗɗe
fruits
daasirgel
chariot

BUTCHERS

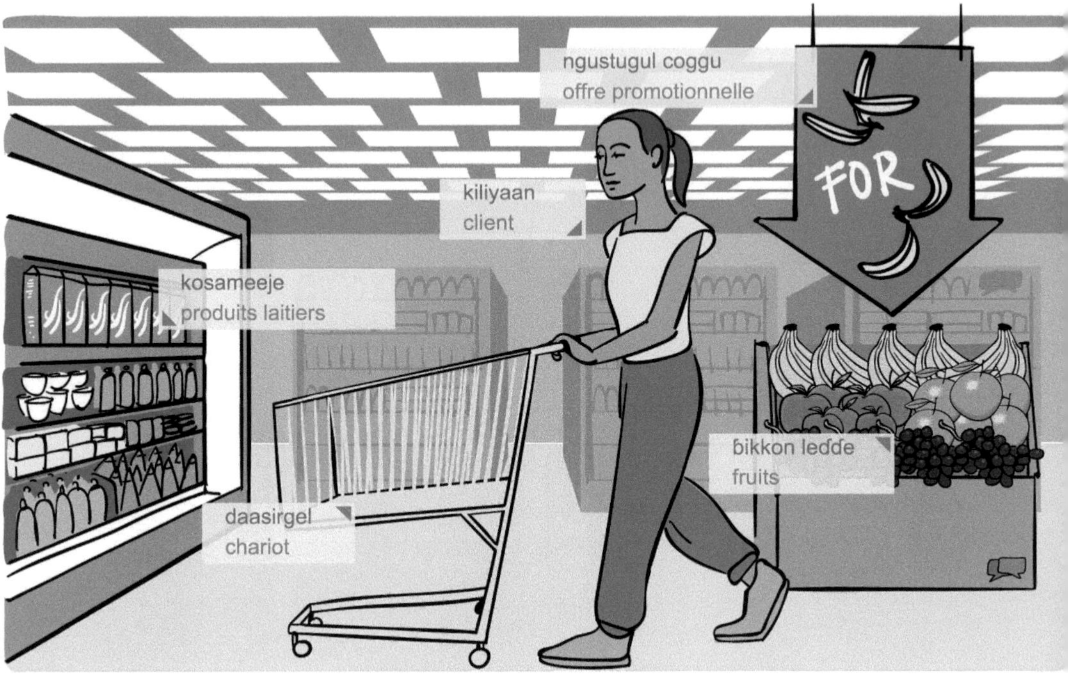

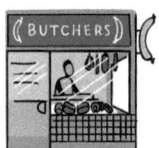

jeyoowo teew nagge

boucherie

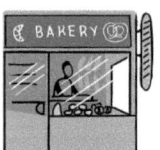

BAKERY

juɗoowo mburu

boulangerie

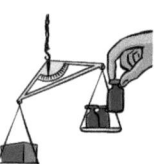

ɓetde

peser

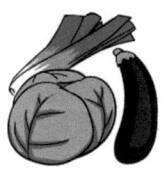

lijim

légumes

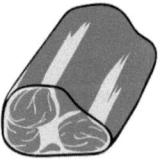

teew

viande

ñaamdu ɓumnaandu

aliments surgelés

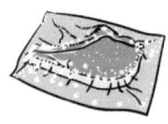

teew moftaaɗo

charcuterie

ñaamdu nder buwat

conserves

condi lawyirteendu

poudre à lessive

bonboonji

bonbons

geɗe ngurdaaɗe

articles ménagers

porodiwiiji laaɓnirni

détergents

julaaajo

vendeuse

haa

caisse

kestotooɗo

caissier

limto coodateeɗi

liste d'achats

waktuuji golle

heures d'ouverture

kalbe

portefeuille

kartal banke

carte de crédit

saak

sac

saak dalli

sac en plastique

ndiyam

eau

njaram

jus de fruit

kosam

lait

ŷulmere

coca

sangara

vin

sangara

bière

sangara

alcool

kakao

chocolat chaud

ataaya

thé

kafe

café

kafe jon jooni

expresso

kafe italinaaɓe

cappuccino

banaana

banane

pom

pomme

oraas

orange

dende

melon

limonŋ

citron

karot

carotte

laay

ail

lekki bambu

bambou

basalle

oignon

sampiñon

champignon

gerte

noisettes

espageti

pâtes

espageti

spaghetti

maaro

riz

salaat

salade

firit

pommes frites

faatat cahaaɗo

pommes de terre rôties

pidsa

pizza

amburgeer

hamburger

sandiwis

sandwich

buhal baddangal e lijim

escalope

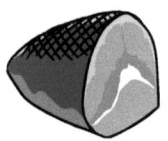

buhal teew

jambon

kaane biyeteeɗo sosison

salami

sosis

saucisse

gertogal

poulet

defaɗum

rôti

liingu

poisson

ndefu gabbe kuwakeer

flocons d'avoine

njilɓundi aɓuwaan e gabbe goɗɗe

muesli

kornfelek

cornflakes

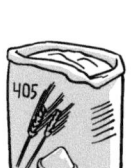

farin

farine

kurwasa

croissant

pe o le

petits-pains

mburu

pain

mburu juɗaaɗo

pain grillé

mbiskit

biscuits

nebam boor

beurre

kosam kaaɗɗam

le fromage blanc

gato

gâteau

ɓoccoonde

œuf

moccoonde fasnaande

œuf au plat

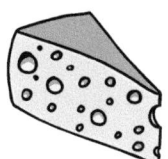

foromaas

fromage

kerem galaas

glace

suukara

sucre

njuumri

miel

teew nagge

confiture

nirkugol sokkola

crème nougat

suppu kaane

curry

# ngesa
## ferme

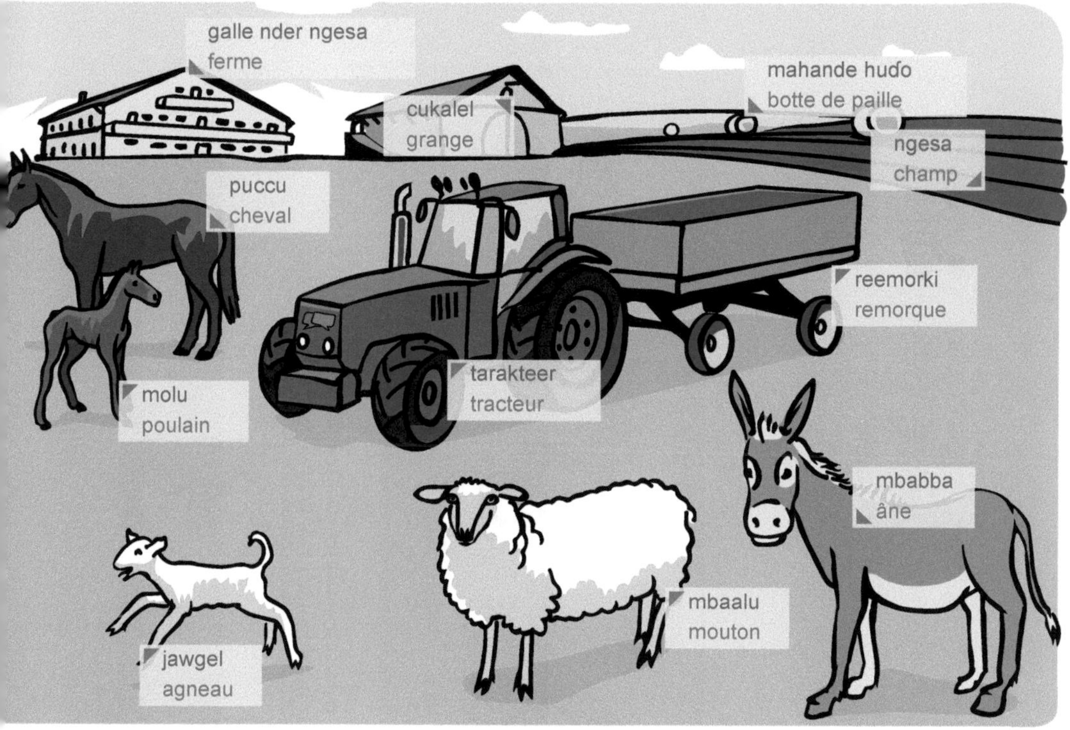

galle nder ngesa
ferme
cukalel
grange
mahande huɗo
botte de paille
ngesa
champ
puccu
cheval
reemorki
remorque
tarakteer
tracteur
molu
poulain
mbabba
âne
mbaalu
mouton
jawgel
agneau


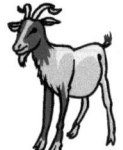

ndamdi

chèvre

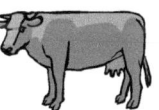

nagge

vache

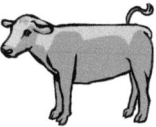

mbeewa

veau

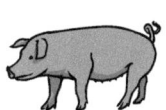

mbabba tugal

porc

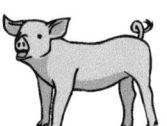

ɓingel mbabba tugal

porcelet

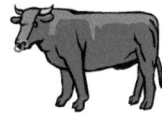

ngaari ladde

taureau

jarlal ladde

oie

gerlal

canard

cofel

poussin

jarlal

poule

ngori

coq

doomburu

rat

ullundu

chat

doomburu

souris

nagge

bœuf

rawaandu

chien

nokku dawaaɗi

chenil

tiwo sardin

tuyau de jardin

doosirgal

arrosoir

wofdu mawndu

faucheuse

masinŋ demoowo

charrue

wofdu

faucille

coppirgal

pioche

rato

fourche

hakkunde

hache

buruwet

brouette

mbalka

cuve

kosam buwat

pot à lait

saak

sac

kalasal galle

clôture

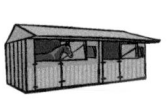

nokku pucci

étable

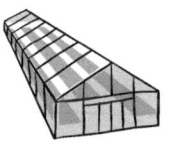

inexistant

serre

leydi

sol

abbere

semences

nguurtinooje leydi

engrais

masinŋ coñirteeɗo

moissonneuse-batteuse

soñde

récolter

soñde

récolte

ñambi

igname

bele

blé

soja

soja

faatat

pomme de terre

maka

maïs

abbere lekki kolsa

colza

lekki firwiiji

arbre fruitier

ñambi

manioc

sereyaal

céréales

# galle
# maison

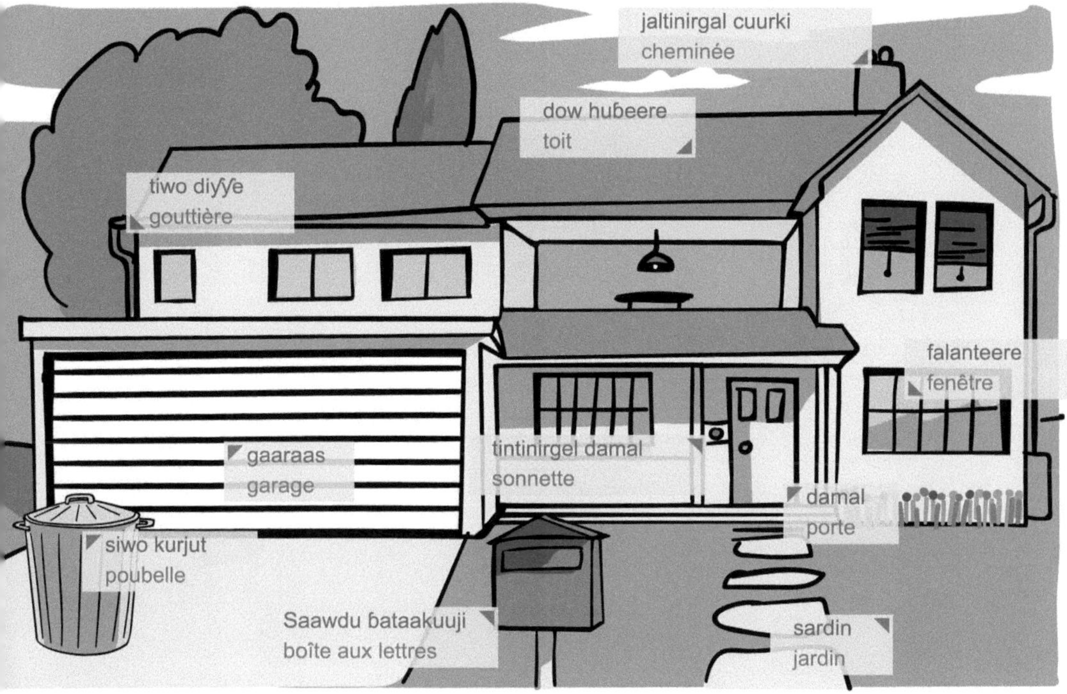
jaltinirgal cuurki
cheminée
dow huɓeere
toit
tiwo diyƴe
gouttière
falanteere
fenêtre
gaaraas
garage
tintinirgel damal
sonnette
damal
porte
siwo kurjut
poubelle
Saawdu ɓataakuuji
boîte aux lettres
sardin
jardin

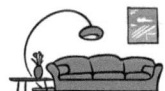

suudu yeewtere

salon

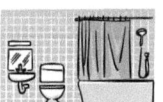

tarodde

salle de bain

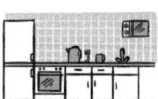

waañ

cuisine

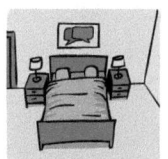

suudu waalduru

chambre à coucher

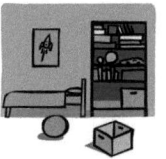

suudu sakaaɓe

chambre d'enfant

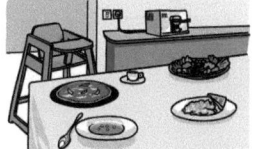

suudu hiraande

salle à manger

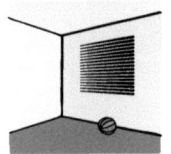

karawal

sol

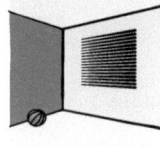

balal

mur

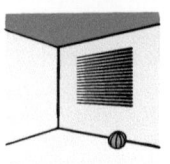

asamaan suudu

plafond

faawru

cave

soona e ɗemngal farase

sauna

balko

balcon

teeraas

terrasse

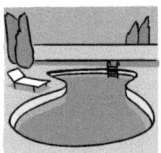

pisin

piscine

keefoowo huɗo

tondeuse à gazon

darap

housse

darap

couette

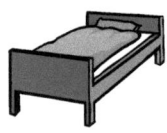

leeso

lit

pittirgal

balai

suwo

sceau

ñifirgel

interrupteur

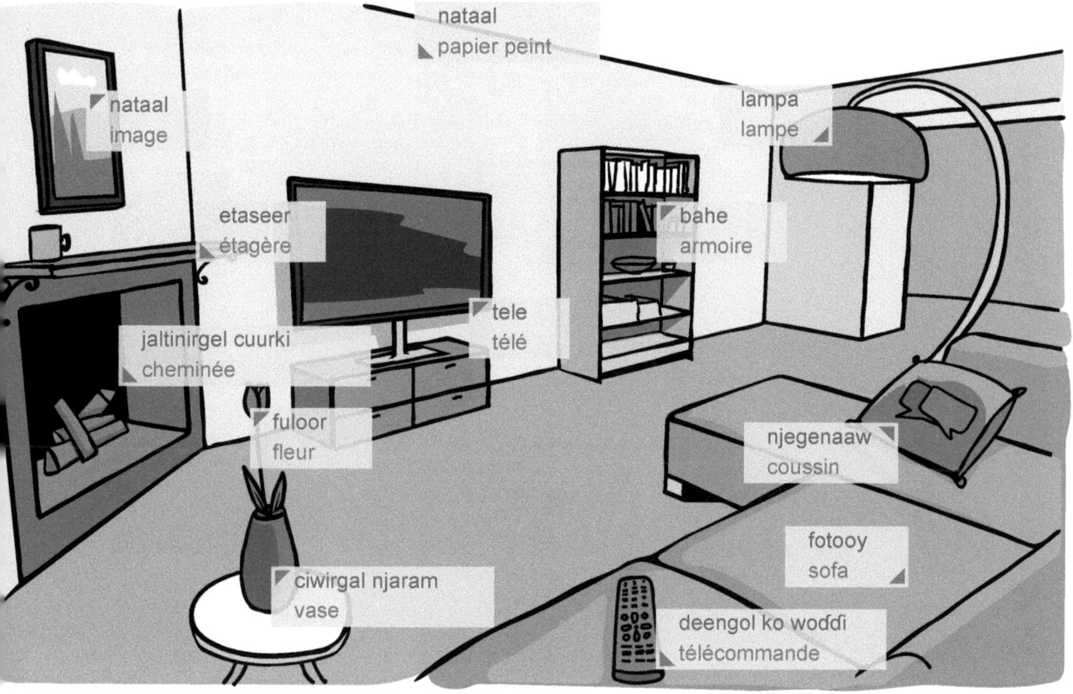

nataal
papier peint

nataal
image

lampa
lampe

etaseer
étagère

bahe
armoire

tele
télé

jaltinirgel cuurki
cheminée

fuloor
fleur

njegenaaw
coussin

fotooy
sofa

ciwirgal njaram
vase

deengol ko woɗɗi
télécommande

tappi

tapis

rido

rideau

taabal

table

jooɗorgal

chaise

jooɗorgal timmungal

chaise à bascule

jooɗorgal tuggateengal

fauteuil

deftere

livre

cuddirgal

couverture

jooɗnugol

décoration

ledɗe kuɓɓateeɗe

bois de chauffage

filmo

film

materiyel hi-fi

chaîne hi-fi

coktirgal

clé

kaayit kabaruuji

journal

pentirgol

peinture

posteer

poster

rajo

radio

teskorgel

bloc-notes

ɓoɗowel pusiyeer

aspirateur

kaktis

cactus

sondel

bougie

# waañ
## cuisine

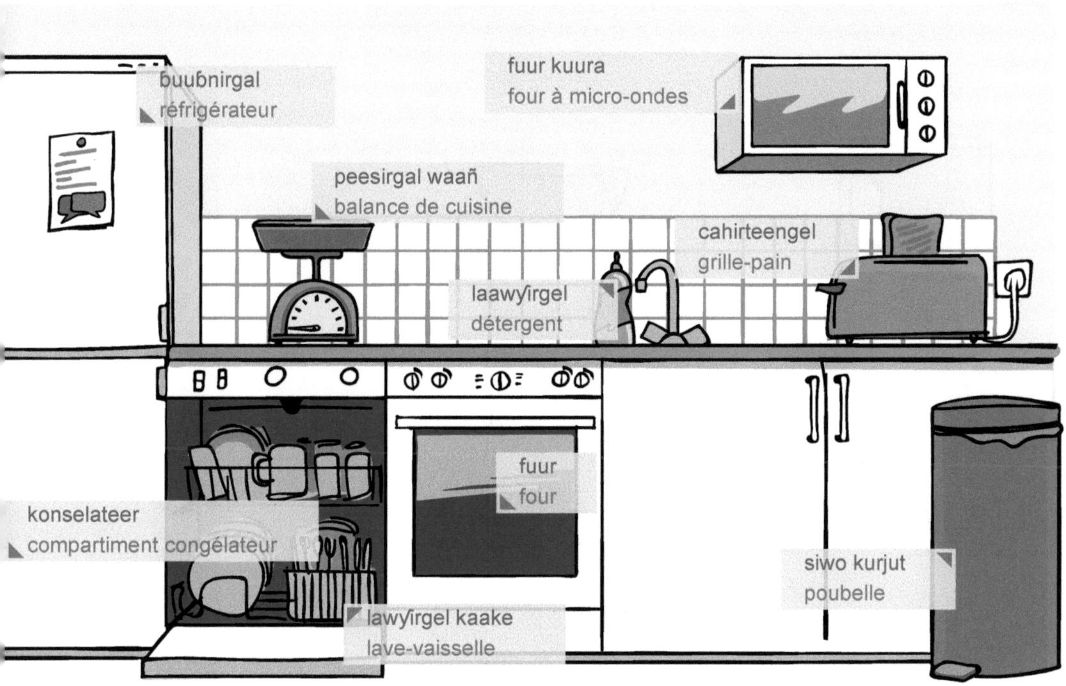
buuɓnirgal
réfrigérateur
fuur kuura
four à micro-ondes
peesirgal waañ
balance de cuisine
cahirteengel
grille-pain
laawƴirgel
détergent
fuur
four
konselateer
compartiment congélateur
siwo kurjut
poubelle
lawƴirgel kaake
lave-vaisselle

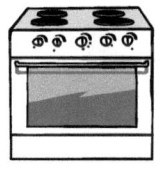

fuurno

four

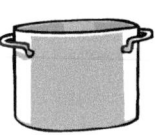

pot

casserole

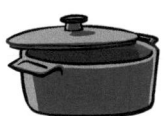

barme

marmite

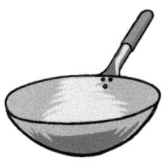

kasorol

wok / kadai

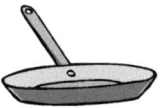

kasorol

poêle

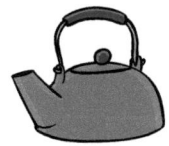

satalla

bouilloire electrique

suppere defirteende

cuiseur vapeur

pool defirteeɗo

plaque de cuisson

lawyũgol kaake

vaisselle

pot jarduɗo

gobelet

suppeere

coupe

ñibirgon ñaamdu

baguettes

kuddu luus

louche

kayit ɗakirteeɗo

spatule

iirtude

fouet

ceɗirgel

passoire

tame

tamis

keefirgel

râpe

moññirgal

mortier

juɗgol

barbecue

jeyngol e henndu

cheminée

coppirgal

planche à découper

degnirgel ñaamdu feewnateendu

rouleau à pâtisserie

udditirgel butel

tire-bouchon

buwaat

boîte

udditirgel buwat

ouvre-boîte

nangirgel pot

maniques

siimtude

lavabo

boros

brosse

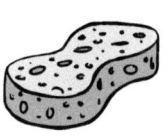

eppoos

éponge

jiiɓirgel

mixeur

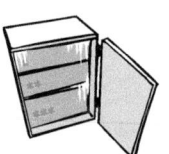

battowel galaas

congélateur

jardugel tiggu

biberon

robine

robinet

# tarodde
## salle de bain

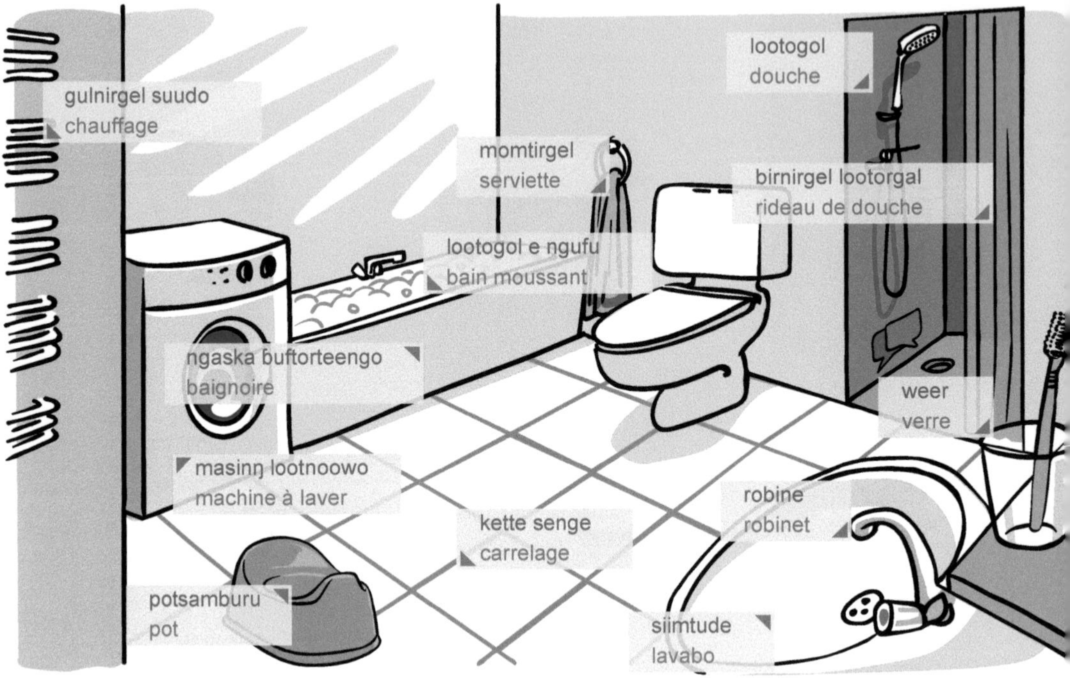

gulnirgel suudo
chauffage

lootogol
douche

momtirgel
serviette

birnirgel lootorgal
rideau de douche

lootogol e ngufu
bain moussant

ngaska buftorteengo
baignoire

weer
verre

masinŋ lootnoowo
machine à laver

robine
robinet

kette senge
carrelage

potsamburu
pot

siimtude
lavabo

taarorde
toilettes

joɗorgal kuwirteengal
toilette à la turque

biisirgel ndiyam
bidet

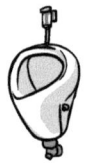

taarodde
urinoir

kaayit momtirɗo
papier toilette

boros taarorde
brosse à toilette

coccorgal ƴiiye

brosse à dents

sabunde ƴiiye

dentifrice

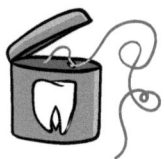

gaarowol ñiire

fil dentaire

lawƴude

laver

ɓoggol lootirteengol

douche manuelle

ɓuftogol

douche intime

loowirteengel

vasque

demirgel huɗo

brosse dorsale

sabunnde

savon

saabunde ɓuftorteende

gel douche

sampoye

shampooing

limsere wiro

gant de toilette

ciiygol

écoulement

kerem

crème

uurnirgel

déodorant

**daandorgal**

miroir

**daandorgal pamoral**

miroir cosmétique

**pembirgel**

rasoir

**ngufu pembol**

mousse à raser

**moomiteengel pembol**

après-rasage

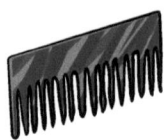

**yeesoode**

peigne

**boros**

brosse

**joornirgel sukunndu**

sèche-cheveux

**peewnirgel sukunndu**

laque pour cheveux

**makiyaas**

fond de teint

**jooɗirgel toni**

rouge à lèvres

**momtirgel cegeneeji**

vernis à ongles

**garowol wiro**

ouate

**siso cegeneeji**

coupe-ongles

**parfon**

parfum

waxande lootorgal

trousse de toilette

kuudi

tabouret

peesirgal

pèse-personne

wutte cuftorteeɗo

peignoir

gaɲuuji dalli

gants de nettoyage

momtirer ƴiiƴam ella

tampon

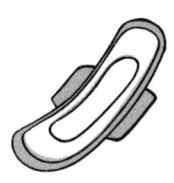

kuus tiggu

serviettes hygiéniques

lootogol simik

toilette chimique

# suudu sakaaɓe
# chambre d'enfant

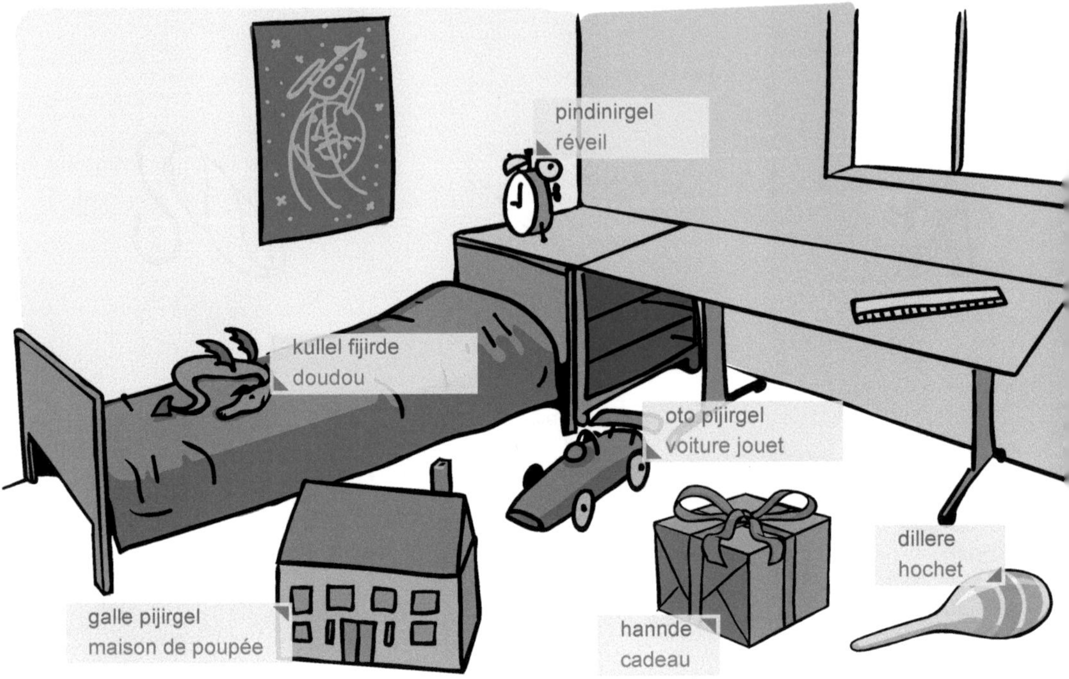
pindinirgel
réveil
kullel fijirde
doudou
oto pijirgel
voiture jouet
dillere
hochet
galle pijirgel
maison de poupée
hannde
cadeau

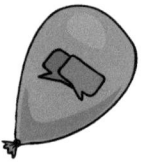

sumalle dalli

ballon

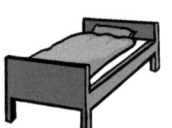

leeso

lit

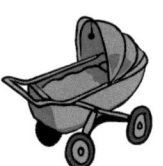

duñirgel tiggu

poussette

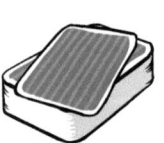

nokkere karte

jeu de cartes

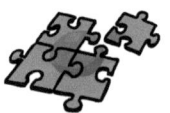

fijirde lombondirgol

puzzle

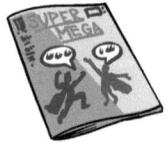

njalniika

bande dessinée

pijirgel tuufeeje

pièces lego

tuufeeje

blocs de construction

pijirgel

figurine

comcol tiggu

grenouillère

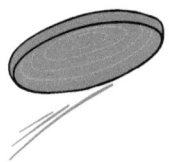

palaat diwwoow

frisbee

noddirgel

mobile

pijirgel

jeu de société

dee

dé

ñemtinirgel laana ndegoowa

train miniature

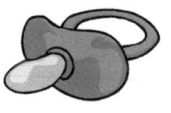

neɗɗo fuuunti

sucette

fijirde

fête

deftere nate

livre d'images

bal

balle

puppe

poupée

fijde

jouer

mbalka ceenal

bac à sable

beeltirgal

balançoire

pijirgel

jouets

pijiteengel see widewo

console de jeu

welo biifi tati

tricycle

pijirgel kullel urs

ours en peluche

armuwaar

armoire

## comcol

## vêtements

kawase

chaussettes

kawase

bas

tuubayon bittukon

collant

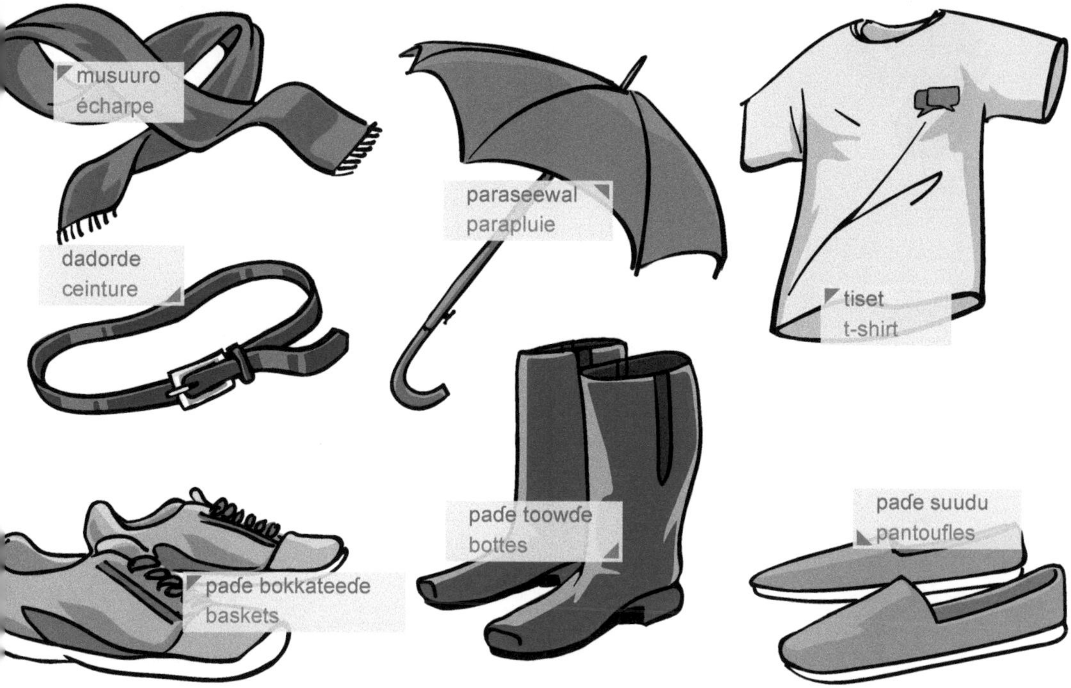

musuuro
écharpe

dadorde
ceinture

paraseewal
parapluie

tiset
t-shirt

pade bokkateede
baskets

pade toowde
bottes

pade suudu
pantoufles

pade diwa
sandales

pade
chaussures

padde toowde lirotoode
bottes de caoutchouc

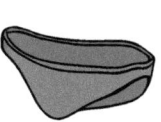

cakkirdi
sous-vêtements

sucengors
soutien-gorge

silet
maillot de corps

**ɓanndu**

body

**tuuba**

pantalon

**jiin**

jean

**robbo**

jupe

**buluson**

chemisier

**simis**

chemise

**piliweer**

pull

**weste nebbu**

sweat à capuche

**layset**

veste

**jaget**

veste

**weste juuɗɗo**

manteau

**wutte toɓo**

imperméable

**kostim**

costume

**robbo**

robe

**robbo yange**

robe de mariée

weste

costume

wutte baalduɗo

chemise de nuit

pijama

pyjama

sari

sari

muusooro

foulard

kaala

turban

kaala

burqa

sabndoor

caftan

abbaay

abaya

comcol lumbirogol

maillot de bain

cakkirɗi

maillot de bain

kilot

short

joogin

tenue d'entraînement

limsere deffowo

tablier

gaɲuuji

gants

boɗɗirgel

bouton

lone

lunettes

jawo

bracelet

cakka

collier

feggere

bague

hootonde

boucle d'oreille

laafa

bonnet

liggirgal weste

cintre

laafa

chapeau

karawat

cravate

zip

fermeture éclair

laafa ndeenka

casque

ganŋ

bretelles

comcol duɗal

uniforme scolaire

iniform

uniforme

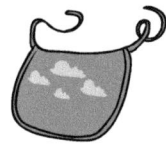

sarbetel daande

bavoir

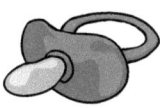

neɗɗo fuuunti

sucette

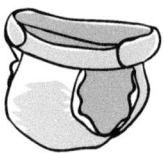

kuus

lange

# gollirgal
# bureau

serveer
serveur
baxane doodiyeeji
armoire d'archivage
jaltinirgel kaayit
imprimante
kaayit
papier
ekaran
écran
biro
bureau
suuri
souris
caawiirgel doosiyeeji
classeur
tappirde
clavier
suwo kurjut
corbeille à papier
ordinateer
ordinateur
jooɗorgal
chaise

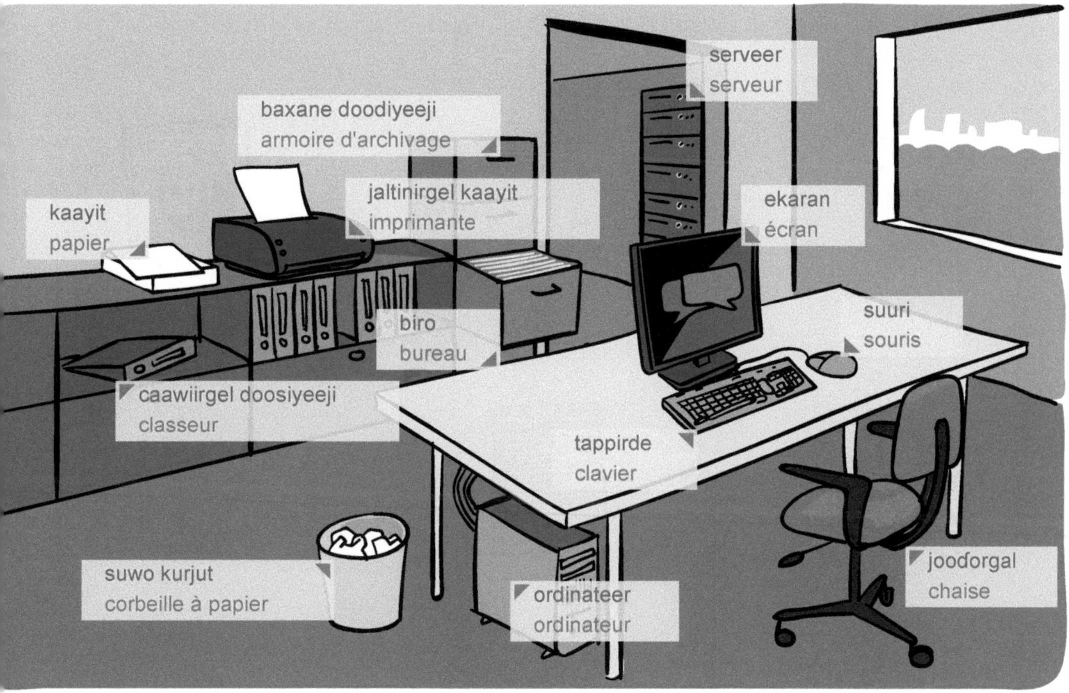

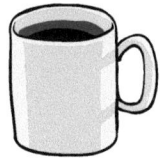

kuppu kafe

tasse de café

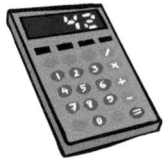

qiimorgal

calculatrice

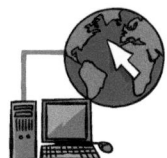

enternet

internet

ordinateer beelnateeɗo

ordinateur portable

bataake

lettre

bataake

message

noddirgel

portable

reso

réseau

cottitirgel

photocopieuse

losisiyel

logiciel

noddirgel

téléphone

ceŋirgel ɓoggol kuura

prise

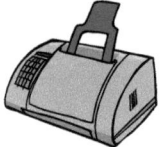

masinŋ faks

fax

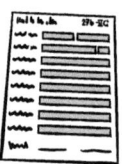

mbaadi

formulaire

dokiman

document

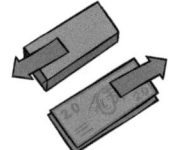

soodde

acheter

soodde

payer

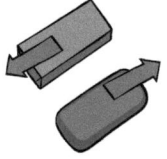

yeyde

faire du commerce

kaalis

monnaie

dolaar

dollar

eroo

euro

yen

yen

ruubal

rouble

faran Siwis

franc suisse

yuwaan renminbi

renminbi yuan

rupii

roupie

masinŋ keestorɗo kaalis

distributeur automatique

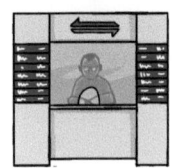

nokku beccugol e neldugol

bureau de change

kanŋe

or

kaalis

argent

esaans

pétrole

sembe

énergie

coggu

prix

kontara

contrat

taks

taxe

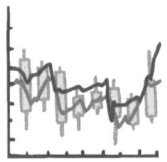

marsandiss moftaaɗo

action

gollude

travailler

gollinteeɗo

employé

gollinoowo

employeur

isin

usine

bitik

magasin

# haajuuji
## professions

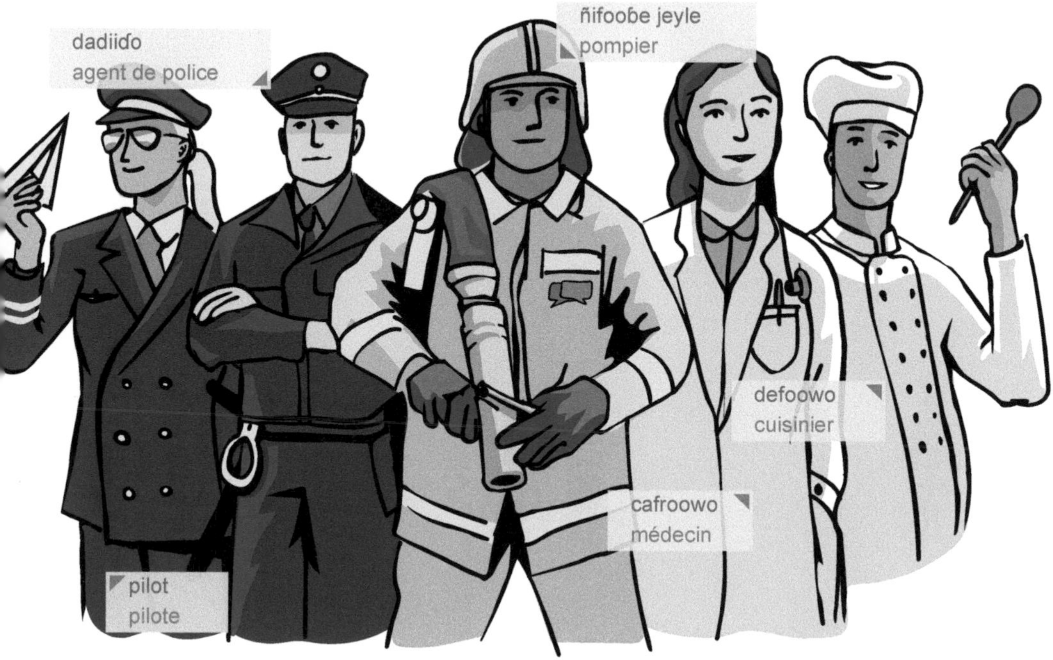

dadiiɗo
agent de police
ñifooɓe jeyle
pompier
defoowo
cuisinier
cafroowo
médecin
pilot
pilote

toppitiiɗo sardin

jardinier

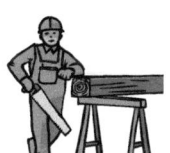

minise

menuisier

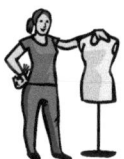

ñootoowo

couturière

ñaawoowo

juge

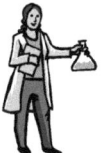

simist e ɗemngal farayse

chimiste

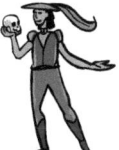

aktoor

acteur

dognoowo biis

conducteur de bus

dognoowo taksi

chauffeur de taxi

gawoowo

pêcheur

pittoowo

femme de ménage

cengirɗe huɓeere

couvreur

carwoowo

serveur

daddoowo

chasseur

pentiroowo

peintre

piyoowo mburu

boulanger

gollowo kuura

électricien

mahoowo

ouvrier

enseñeer

ingénieur

jeyoowo teew keso

boucher

polombiyer

plombier

nawoowo ɓatakuuji

facteur

**kooninke**

soldat

**diidoowo ɓahanteeri**

architecte

**kestotooɗo**

caissier

**jeyoowo fuloraaji**

fleuriste

**mooroowo**

coiffeur

**dognoowo**

contrôleur

**mekanisiyenŋ**

mécanicien

**kapiteen**

capitaine

**cafroowo ŷiiŷe**

dentiste

**miijotooɗo**

scientifique

**kellifaaɗo diine to israayel**

rabbin

**imaam**

imam

**muwaan e e ɗemngal farayse**

moine

**kellifaaɗo diine heerereeɓe**

prêtre

# kuutorɗe

## outils

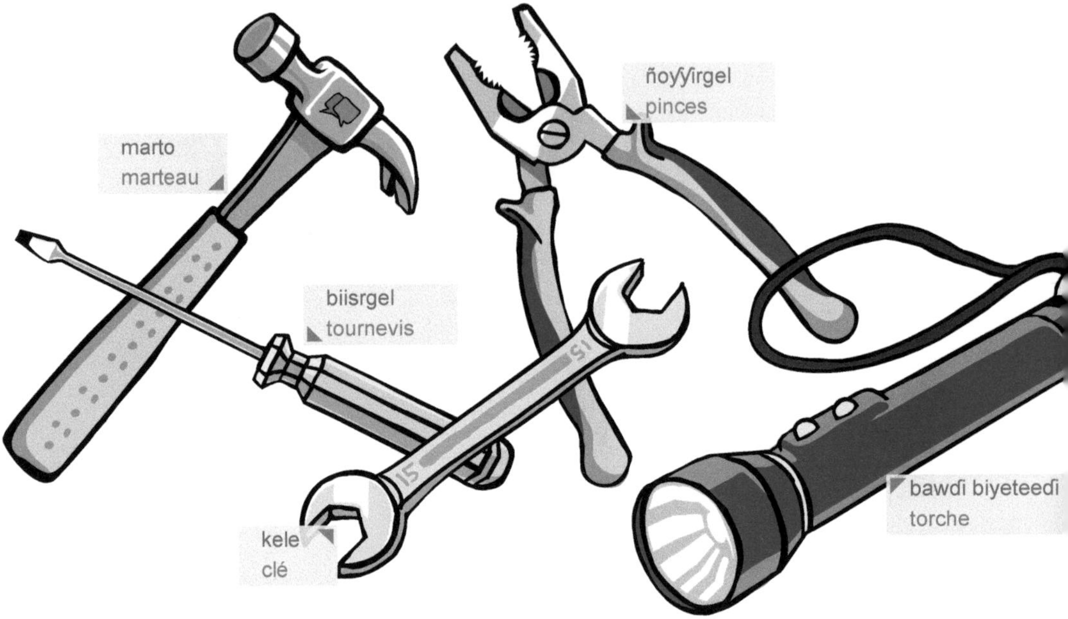

marto
marteau
ñoƴƴirgel
pinces
biisrgel
tournevis
kele
clé
bawɗi biyeteeɗi
torche


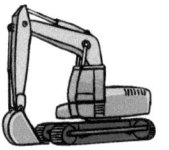

pikku

pelleteuse

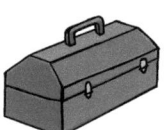

baxanel kaɓorɗe

boîte à outils

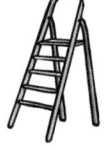

ŋabbirgal

échelle

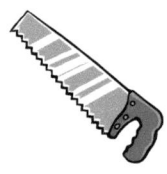

taƴirgal

scie

ƴiɓirɗe

clous

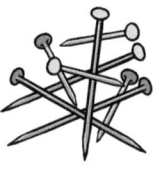

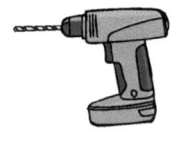

julirgal

perceuse

fewnitde
......................
réparer

nokkirgel
......................
pelle

Soo!
......................
Mince !

boftirgel kurjut
......................
pelle

pot penttiir
......................
pot de peinture

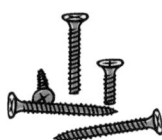

wiisuuji
......................
vis

# kongirgon misik
# instruments de musique

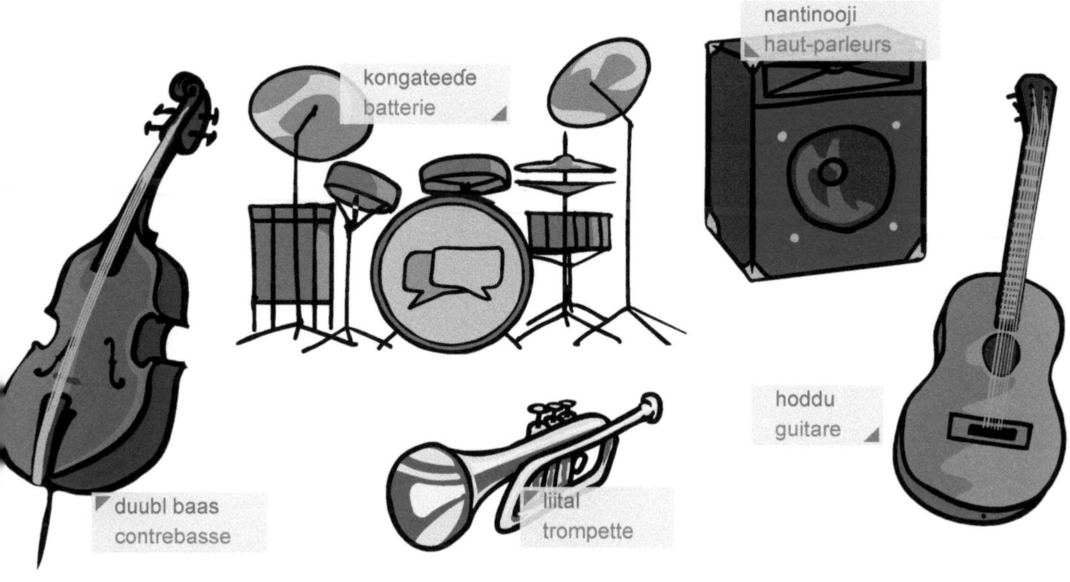

kongateeɗe
batterie

nantinooji
haut-parleurs

hoddu
guitare

duubl baas
contrebasse

liital
trompette

piayaano

piano

wiyolon

violon

baas

basse

bowɗi biyeteeɗi timpani

timbales

bawɗi

tambour

tappirgal

piano électrique

saksofoon

saxophone

nguurdu

flûte

mikoro

microphone

# nokku kullon

## zoo

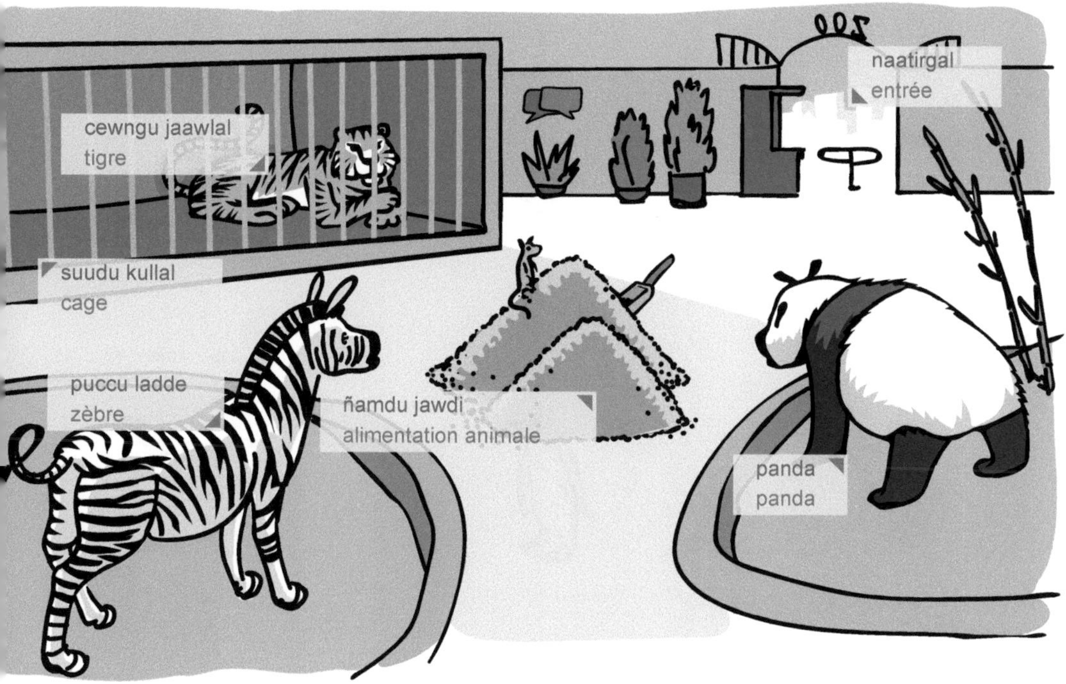

zoo
naatirgal
entrée
cewngu jaawlal
tigre
suudu kullal
cage
puccu ladde
zèbre
ñamdu jawdi
alimentation animale
panda
panda


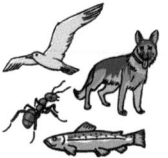

kulle

animaux

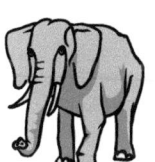

ñiiwa

éléphant

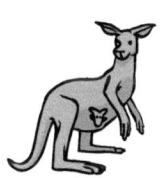

kanguru

kangourou

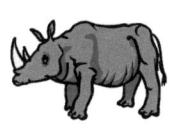

rinoseros

rhinocéros

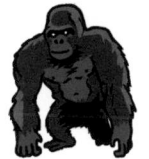

waandu mowndu

gorille

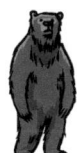

urs

ours

ngelooba

chameau

sundu burndu mownude

autruche

mbaroodi

lion

waandu

singe

ñaaral pural

flamand rose

seku

perroquet

urso galaas

ours polaire

liingu wiyeteendu penguwe

pingouin

lingu reke

requin

ndiwri wiyeteendu pawon

paon

laadoori

serpent

nooro

crocodile

deenoowo zoo

gardien de zoo

togoori ndiyam wiyeteendu
fok e farayse

phoque

cewngu

jaguar

molu

poney

cewngu

léopard

ngabu

hippopotame

njabala

girafe

ciilal

aigle

mbabba tugal

sanglier

liingu

poisson

heende

tortue

kullal biyeteengal morse

morse

renaar

renard

lella

gazelle

Fuggukoyngel Amerknaaɓe
american Football

dognugol welo
cyclisme

tenis
tennis

beysbol
basket-ball

lumbagol
natation

fuggukoyngel e galaas
hockey sur glace

boks
boxe

Fuggukoyngel

football

badminton

badminton

atelettuuji

athlétisme

hanbol

handball

fijirɗe deggol e nees

ski

polo

polo

# golle

## activités

jalde
rire
diwde
sauter
ɓuucaade
embrasser
yaade
marcher
yimde
chanter
hoyɗitaade
rêver
juulde
prier
ɓuucaade
faire la bise


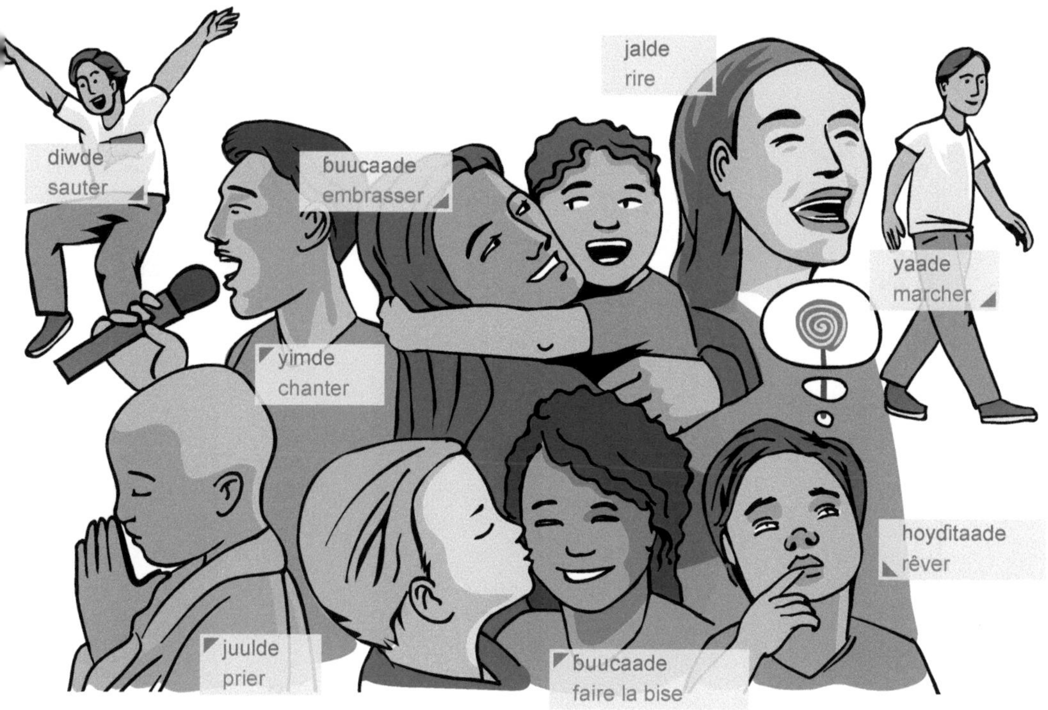

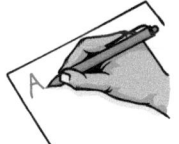

windude

écrire

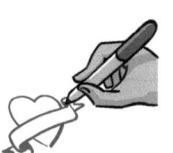

siifde

dessiner

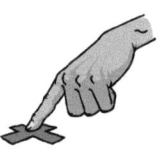

hollude

montrer

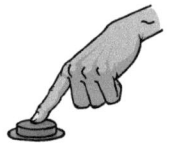

duñde

pousser

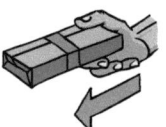

rokkude

donner

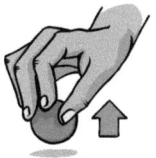

ƴettude

prendre

deñde

avoir

wadde

faire

wonde

être

ummaade

être debout

dogde

courir

foodde

trier

weddaade

jeter

yande

tomber

fende

être couché

sabbaade

attendre

roondaade

porter

joodaade

être assis

boornaade

s'habiller

daanaade

dormir

finde

se réveiller

ẏeewde

regarder

woyde

pleurer

helde

caresser

yeesaade

peigner

haalde

parler

faamde

comprendre

naamnaade

demander

heɗaade

écouter

yarde

boire

ñaamde

manger

hawrinde

ranger

yiɗde

aimer

defde

cuire

dognude

conduire

diwde

voler

awyũde

faire de la voile

qimaade

calculer

jangude

lire

jangude

apprendre

gollude

travailler

resde

se marier

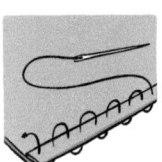

ñootde

coudre

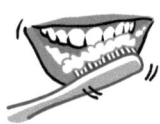

soccaade ỹiiỹe

brosser les dents

warde

tuer

simmaade

fumer

neldude

envoyer

# ɓesngu
## famille

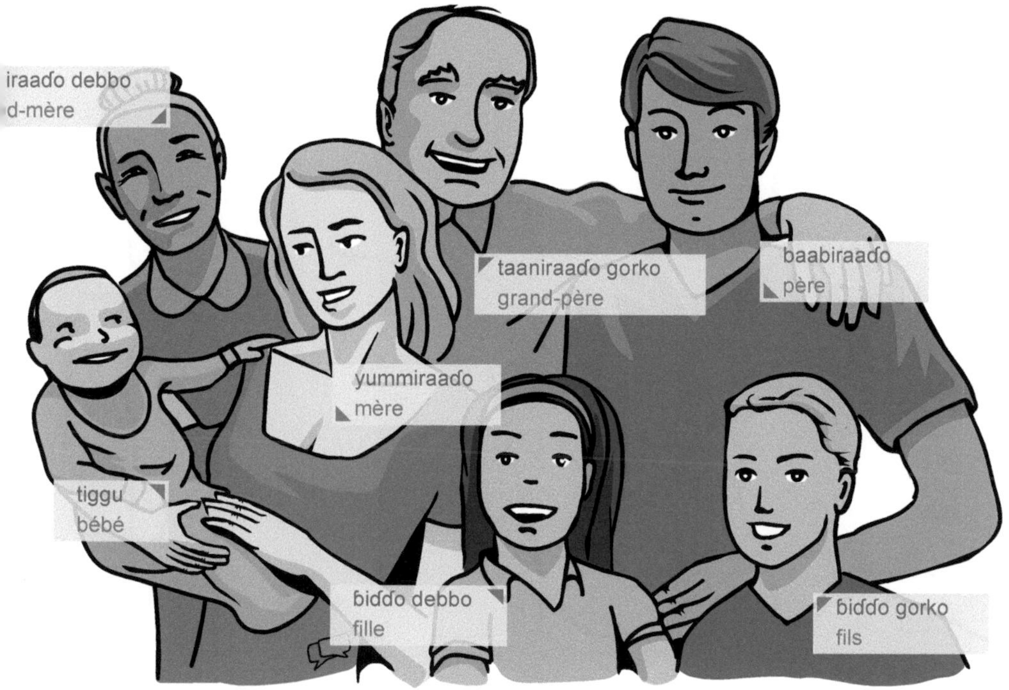
iraaɗo debbo
d-mère
taaniraaɗo gorko
grand-père
baabiraaɗo
père
yummiraaɗo
mère
tiggu
bébé
ɓiɗɗo debbo
fille
ɓiɗɗo gorko
fils

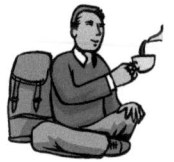

koɗo

hôte

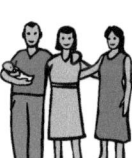

goggiraaɗo

tante

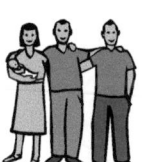

kaawiraaɗo

oncle

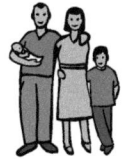

mowniraaɗo gorko

frère

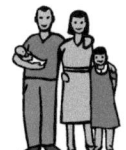

mowniraaɗo debbo

sœur

# ɓandu

## corps

tiinde
front
yiitere
œil
yeeso
visage
waare
menton
endu
poitrine
fedendu
doigt
jungo
main
jungo
bras
walabo
épaule
koyngal
jambe

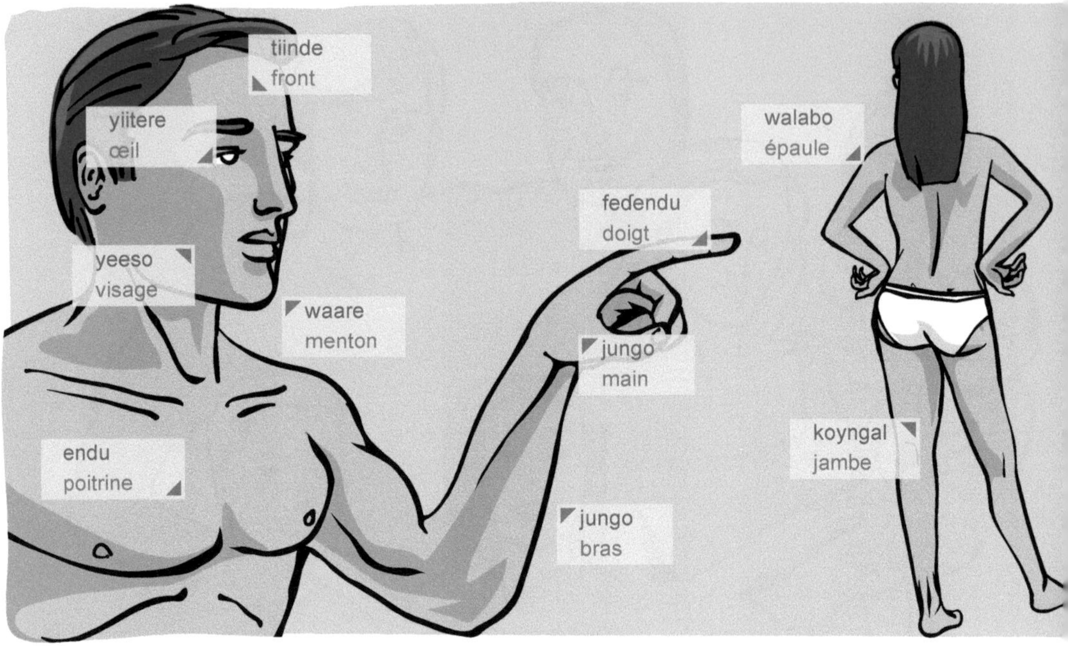

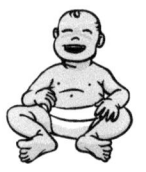

tiggu

bébé

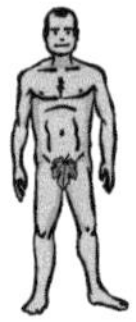

gorko

homme

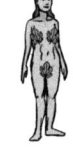

debbo

femme

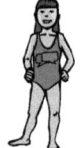

deftere kongoli

fille

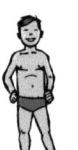

suka gorko

garçon

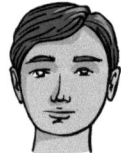

hoore

tête

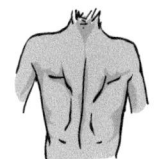

keeci

dos

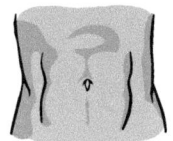

reedu

ventre

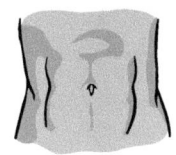

wuddu

nombril

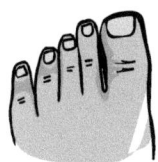

feɗendu koyngal

orteil

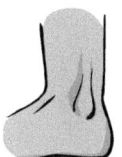

jaɓɓorgal

talon

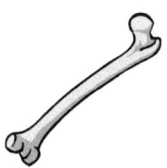

ƴiyal

os

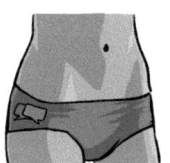

rotere

hanche

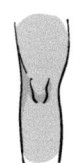

hofru

genou

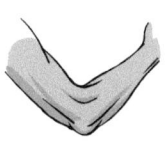

salndu junngu

coude

hinere

nez

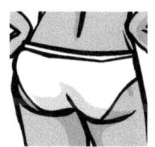

dote

fesses

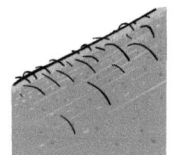

nguru

peau

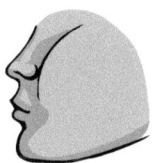

aɓɓulo

joue

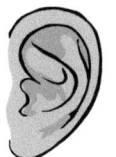

nofru

oreille

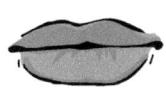

tonndu

lèvre

hunuko

bouche

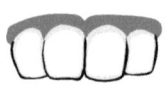

ñiire

dent

ɗemngal

langue

ngaandi

cerveau

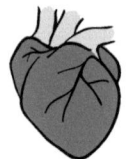

ɓernde

cœur

ƴiyal

muscle

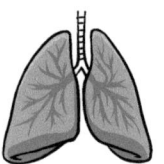

wecco

poumons

heeñere

foie

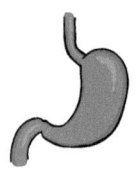

estoma

estomac

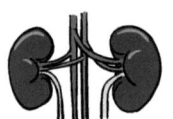

tekteki mawni

reins

terɗe

rapport sexuel

laafa ndeenka

préservatif

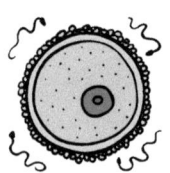

ɓoccoonde maniya

ovule

maniya

sperme

reedu

grossesse

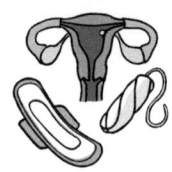

ƴiiƴam ella

menstruation

farja

vagin

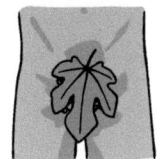

kaake

pénis

leeɓi dow yiitere

sourcil

sukunndu

cheveux

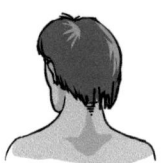

daande

cou

# suudu safirdu

## hôpital

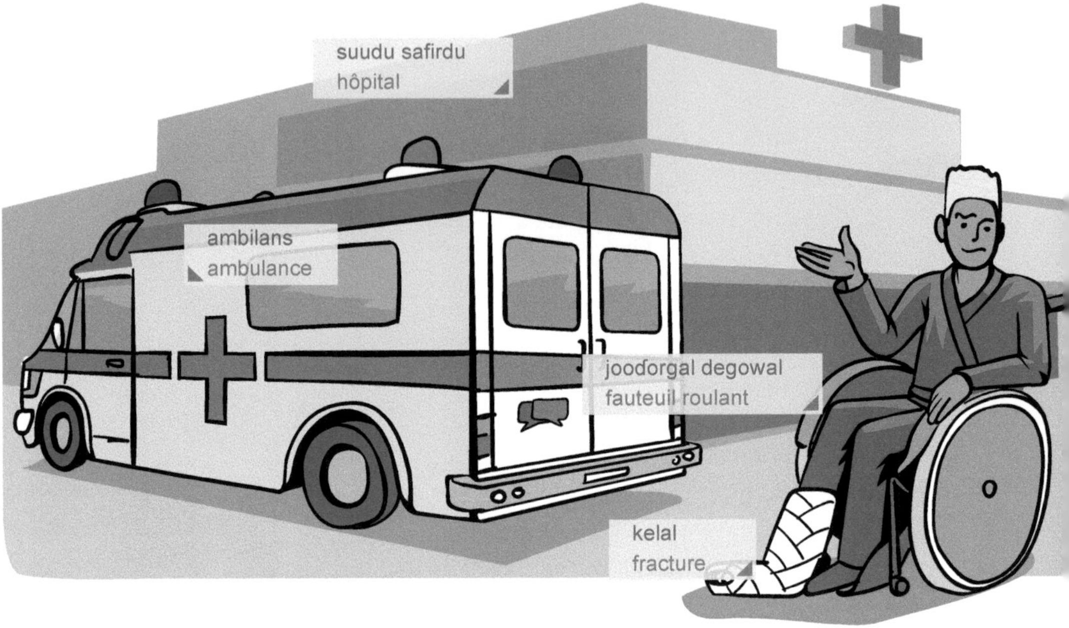

suudu safirdu
hôpital
ambilans
ambulance
jooɗorgal degowal
fauteuil roulant
kelal
fracture


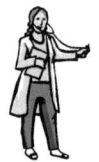

cafroowo

médecin

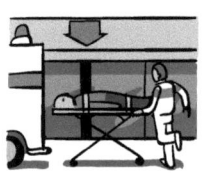

suudo irsaans

service des urgences

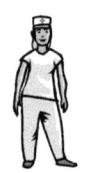

cafroowo

infirmière

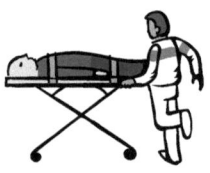

irsaans

urgence

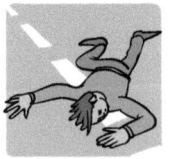

paɗɗiiɗo

inconscient

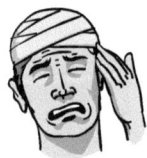

muuseeki

douleur

**gaañande**

blessure

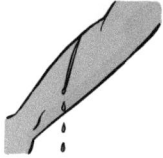

**tuyƴude**

hémorragie

**bernde dartiinde**

crise cardiaque

**darogol ɓernde**

attaque cérébrale

**alersi**

allergie

**ɗojjugol**

toux

**nguleeki ɓandu**

fièvre

**maɓɓo**

grippe

**reedu dogooru**

diarrhée

**muuseeki hoore**

mal de tête

**kanser**

cancer

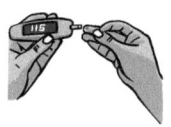

**jabet**

diabète

**operasiyon**

chirurgien

**ceekirgel**

scalpel

**operasiyon**

opération

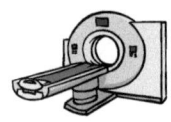

CT

CT

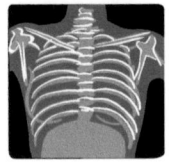

reyon-x

radiographie

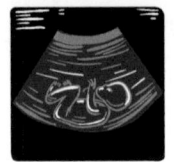

iltarason

échographie

mask yeeso

masque

ñaw

maladie

suudu sabbordu

salle d'attente

sawru tuggorgal

béquille

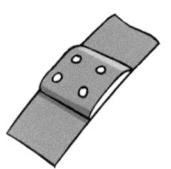

palatar

pansement

bandaas

pansement

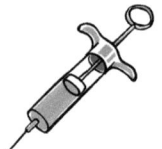

pikkitagol

injection

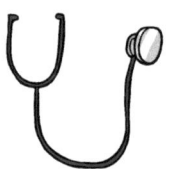

keɗirgel dille ɓandu

stéthoscope

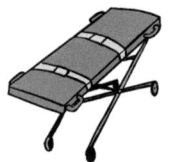

balankaaru

brancard

betirgel nguleeki ɓanndu

thermomètre

jibinegol

accouchement

ɓandu ɓurtundu

surcharge pondérale

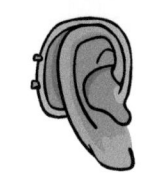

ɓallotirgel nonooje

appareil auditif

desefektan

désinfectant

infeksiyon

infection

viris

virus

HIV / SIDA

VIH / sida

safaara

médicament

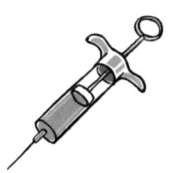

ñakko

vaccination

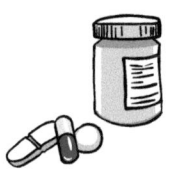

tabletuuji

comprimés

foɗɗere

pilule

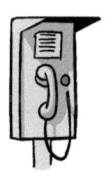

noddaango heñoraango

appel d'urgence

betirgel dogdu ɓiiɓam

tensiomètre

sellaani / salli

malade / sain

Paaboɗe!

Au secours !

tintinirgel

alarme

jangol

assaut

yande e

attaque

musiiba

danger

damal dandirgal

sortie de secours

Paaboɗe!

Au feu!

ñifirgel jeynge

extincteur

aksida

accident

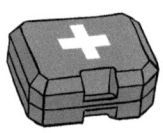

geɗe cafrorɗe gadane

trousse de premier secours

BALLAL

SOS

Polis

police

Erop

Europe

Amerik to Rewo

Amérique du Nord

Amerik to Worgo

Amérique du Sud

Afiriki

Afrique

Asi

Asie

Ostarali

Australie

Atalantik

Océan atlantique

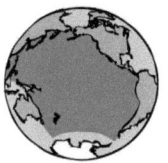

Pasifik

Océan pacifique

Oseyan Enje

Océan indien

Oseyan Antarktik

Océan antarctique

Osean Arkatik

Océan arctique

Bange Rewo

pôle nord

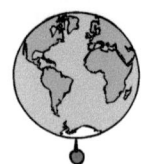

Bange Worgo

pôle sud

Antarktik

Antarctique

Leydi

terre

leydi

pays

maayo mawngo

mer

wuro nder ndiyam

île

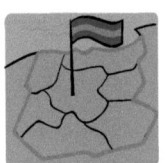

leydi

nation

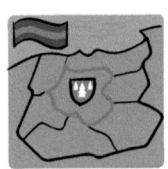

jamaanu

état

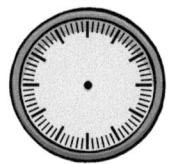

yeeso montoor

cadran

misalel waqtu

aiguille des heures

misalel hojomaaji

aiguille des minutes

misalel majanɗe

aiguille des secondes

Hol waqtu jonɗo?

Quelle heure est-il ?

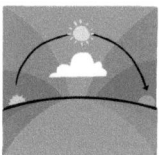

ñalawma

jour

saha

temps

jooni

maintenant

montoor disitaal

montre digitale

hojom

minute

waqtu

heure

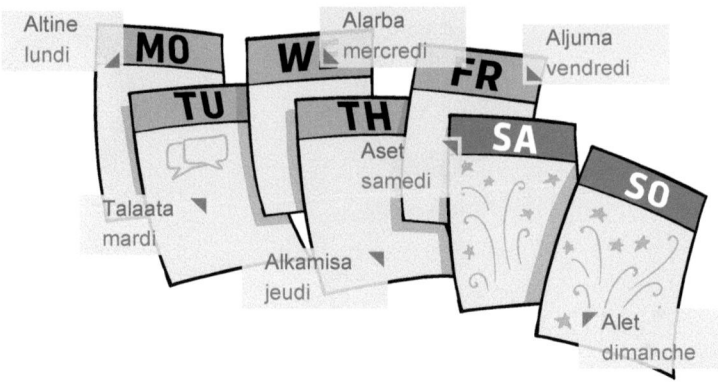

Altine / lundi
Alarba / mercredi
Aljuma / vendredi
Talaata / mardi
Aset / samedi
Alkamisa / jeudi
Alet / dimanche

hanki

hier

hande

aujourd'hui

jango

demain

subaka

matin

beetawe

midi

kikiiɗe

soir

ñalawmaaji golle

jours ouvrables

ñalamaaji fooftere

week-end

# hitaande
## année

tobo
pluie
timtimol
arc-en-ciel
hendu
vent
nees
neige
caggal dabbunde
printemps
dabbunde
automne
ndungu
été
dabbunde
hiver

4.APRIL 11°
5.APRIL 4°
6.APRIL 13°
7.APRIL 8°
8.APRIL 10°

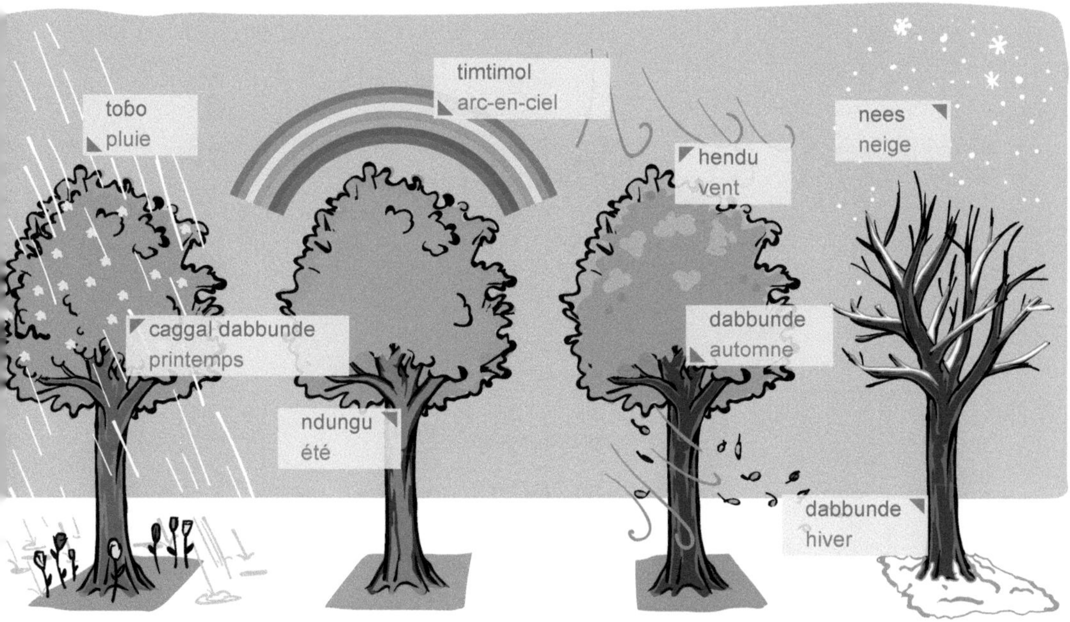

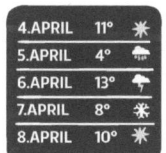

kabrugol geɗe weeyo

météo

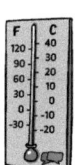

F
C
120
90
60
30
0
-30
40
30
20
10
0
-10
-20

ɓetirgal nguleeki

thermomètre

nguleeki naange

lumière du soleil

duulal

nuage

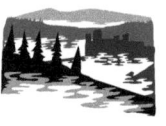

niɓɓere niwri

brouillard

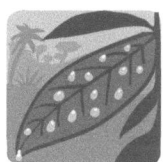

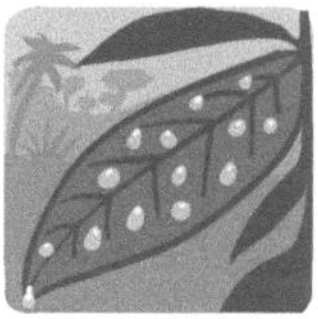

ɓuuɓol

humidité

majaango

foudre

gidango

tonnerre

hendu yaduungo e gidaali

tempête

toɓo mawngo

grêle

keneeli mawɗi

mousson

toɓo yooloongo

inondation

galaas

glace

Janwiye

janvier

Feeviriye

février

Mars

mars

Awril

avril

Me

mai

Suwe

juin

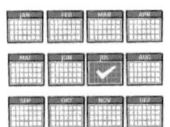

Suliye

juillet

Ut

août

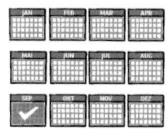

Setanbar
.................
septembre

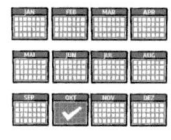

Oktobar
.................
octobre

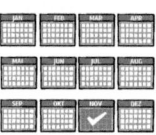

Noowambar
.................
novembre

Desambar
.................
décembre

## Mbaadi
## formes

taariɗum
.................
cercle

bangeeji potɗi
.................
carré

rektangal
.................
rectangle

tiriyangal
.................
triangle

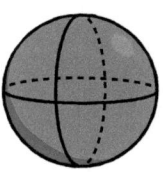

esfeer
.................
sphère

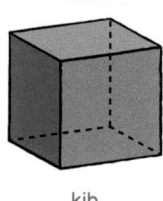

kib
.................
cube

deneejo

blanc

puro

jaune

oraas

orange

roos

rose

boɗeejo

rouge

yolet

violet

bulaajo

bleu

werte

vert

baka

marron

giri

gris

ɓaleejo

noir

heewi / famɗi
........................
beaucoup / peu

mittinɗo / deeyɗo
........................
fâché / calme

yooɗi / soofi
........................
joli / laid

fuɗɗorde / gasirde
........................
début / fin

mawni / famɗi
........................
grand / petit

leeri / ɗibbiɗi
........................
clair / obscure

nawniraaɗo gorko / debbo
........................
frère / soeur

laaɓi / tulmi
........................
propre / sale

timmi / manki
........................
complet / incomplet

ñalawma / jamma
........................
jour / nuit

mayi / wuuri
........................
mort / vivant

yaaji / ɓitti
........................
large / étroit

ñaame / ñaametaake

comestible / incomestible

bonɗum / moƴƴi

méchant / gentil

weelti / deeƴi

excité / ennuyé

ɓutto / cewɗo

gros / mince

gadiiɗo / cakkitiiɗo

premier / dernier

sehil / gaño

ami / ennemi

heewi / ɓolɗi

plein / vide

tiiɗi / hoyi

dur / souple

teddi / hoyi

lourd / léger

heege / ɗomka

faim / soif

sellaani / salli

malade / sain

dagaaki / dagi

illégal / légal

ƴoyi / ƴiƴaani

intelligent / stupide

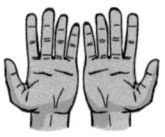

ñaamo / nano

gauche / droite

ɓadi / woɗɗi

proche / loin

**keso / kiiɗɗo**

nouveau / usé

**haydara / huunde**

rien / quelque chose

**nayeeji / suka**

vieux / jeune

**ne heen / ala heen**

marche / arrêt

**udditi / uddi**

ouvert / fermé

**deeyi / dilla**

faible / fort

**galo / baasɗo**

riche / pauvre

**feewi / feewaani**

correct / incorrect

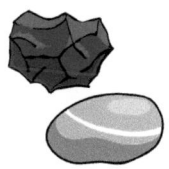

**tekki / ɗaati**

rugueux / lisse

**suni / weelti**

triste / heureux

**daɓɓo / jutɗo**

court / long

**leeli / yaawi**

lent / rapide

**leppi / yoori**

mouillé / sec

**wuli / ɓuuɓi**

chaud / froid

**hare / jam**

guerre / paix

**0**

meere

zéro

**1**

goo

un / une

**2**

ɗiɗi

deux

**3**

tati

trois

**4**

nay

quatre

**5**

joy

cinq

**6**

jeegom

six

**7**

seeɗiɗi

sept

**8**

jeetati

huit

**9**

jeenay

neuf

**10**

sappo

dix

**11**

sappo e goo

onze

## 12
sappo e ɗiɗi

douze

## 13
sppo e tati

treize

## 14
sappo e nay

quatorze

## 15
sappo e joy

quinze

## 16
sappo e jeegom

seize

## 17
sappo e jeeɗiɗi

dix-sept

## 18
sappo e jeetati

dix-huit

## 19
sappo e jeenay

dix-neuf

## 20
noogas

vingt

## 100
teemedere

cent

## 1.000
ujunere

mille

## 1.000.000
miliyonŋ

million

Angale

anglais

Angale Amerik

anglais américain

Mandare Siin

chinois mandarin

Indo

hindi

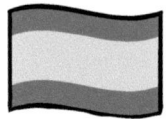

Español

espagnol

Farayse

français

Arab

arabe

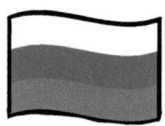

Riis

russe

Portige

portugais

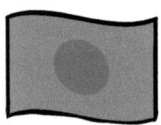

Bengali

bengali

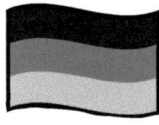

Alma

allemand

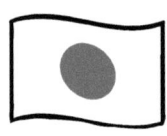

Sappone

japonais

miin

je

ann

tu

kanŋko / kanŋko / kañum

il / elle / ce, c', cela

minen

nous

onon

vous

kamɓe

ils / elles

holi oon?

Qui ?

hol ɗum?

Quoi ?

hol no?

Comment ?

hol toon?

Où ?

mande?

Quand ?

innde

nom

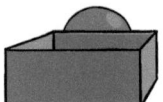

caggal

derrière

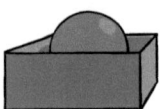

nder

dans

yeeso

devant

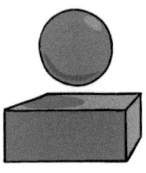

hedde

au-dessus

dow

sur

les

en-dessous

sara

à côté de

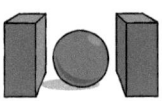

hakkunde

entre

nokku

lieu